KB005612

아파트 천만 호 시대,
따뜻하고 정겨운 마을공동체를 찾아서

우리 아파트에는
이야기가 산다

일러두기

1. 이 책은 인터뷰에 기꺼이 시간을 내 주신 주민 여러분의 협조와 동의로 제작되었습니다.
   책을 계기로 만난 모든 분을 담지 못한 점 양해해 주시길 바랍니다.
   책이 나오도록 애써 주신 모든 분들께 고마운 마음을 전합니다.
   아울러 인터뷰 내용과 사진을 책에 담도록 허락해 주셔서 감사드립니다.
   내용과 사진에 문제가 있을 경우 다음 쇄에서 바로잡겠습니다.

2. 맞춤법에 어긋나는 문장은 『한글맞춤법』(제2017-12호)에 따라 바로잡았습니다.
   다만, 인터뷰 현장 분위기를 더 잘 전달할 수 있다고 판단한 부분은 입말을 그대로 기록했습니다.

3. 인터뷰 대상자의 소속 및 직함은 2017년 인터뷰 당시 기준입니다.

4. 28, 31, 43, 44, 45, 51, 58, 60, 62, 63, 94, 103, 149, 223, 232, 234, 235, 237, 238, 239, 241, 242, 243,
   290, 291, 292, 293, 295 쪽에는 주민들이 보내주신 사진을 실었습니다.

아파트 천만 호 시대,
따뜻하고 정겨운 마을공동체를 찾아서

우리 아파트에는
이야기가 산다

서울주택도시공사 기획

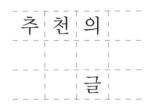

추천의 글

박원순 서울특별시장

『우리 아파트에는 이야기가 산다』를 통해 따뜻한 사람들을 만났습니다. 회색빛 아파트를 다양하고 아름다운 색으로 채워나가는 우리 이웃들의 행복한 이야기에 저 또한 마음이 덩달아 행복해졌습니다. 이웃에게 서로 대출을 해주는 마을, 봉사를 통해 자존감을 키워가는 봉사단이 운영되는 서로를 의지하고 돕고 사는 마을부터 아이들과 어른 등 모든 이웃이 어울려 노니는 아파트, 작은 도서관을 사랑채 삼아 함께 도란도란 이야기 나누는 마을, 다양한 재능으로 한마음 되는 마을, 그리고 텃밭을 가꾸고 태양광을 주민이 함께 설치하는 에너지자립마을까지. 아파트는 더 이상 회색빛 공장같은 차갑고 무거운 공간이 아니라 우리가 사는 주거공간이자 이웃과 벽을 맞대고 사는 하나의 마을입니다.

이러한 행복한 이야기가 책에 담기기까지 많은 시행착오와 어려움이 있으셨을 거라는 것, 잘 알고 있습니다. 하지만 책에 담긴 한 사람 한 사람의 노력 덕분에 삭막했던 아파트에 이웃과 소통하고 함께하는 건강한 공동체 문화가 열매를 맺고 있습니다. 그 귀한 열매가 열리는 동안 이웃을 알게 되는 기쁨, 이웃과 함께하며 공동체가 바뀌는 보람, 변화해가는 공동체 속에 함께 행복을 키워나가는 기쁨도 함께 느끼셨으리라 생각합니다.

집은 사람이 살아야 온기가 돌 듯, 많은 사람들이 함께 사는 우리 아파트는 이웃이 있어야 살맛이 납니다. 이 책을 통해 이 따뜻한 온기가 서울 곳곳에 전파되길 바랍니다. 감사합니다.

오연호 오마이뉴스 대표, <우리도 행복할 수 있을까> 저자

참 반가운 책입니다. 옆집에 누가 사는지도 모른다는 삭막한 아파트에 공동체 꽃을 피우는 사람들이 있습니다. 이 책 『우리 아파트에는 이야기가 산다』는 헬조선을 극복하고 행복한 대한민국을 건설하는 일꾼들의 모델이 담겨 있습니다. 저는 그동안 덴마크가 왜 행복지수 세계 1위인지를 공부해 왔는데 그 비결은 옛 농촌공동체에서 있었던 '스스로, 더불어, 즐겁게'가 도시 속에서도 살아있기 때문이었습니다. 이 책은 '우리 안에도 덴마크가 있다'는 것을 보여줍니다. 아파트에서 '내가 행복하려면 우리가 행복해야 한다'를 구현할 때 행복한 대한민국은 이뤄질 수 있습니다. 아파트를 '더불어 사는 마을'로 바꾸고 싶은 이들에게 이 책을 적극적으로 추천합니다.

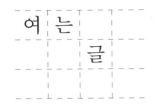

여는 글

귀촌을 꿈꾸는 이들이 늘어났다고 합니다.

분주한 도시를 벗어나 자연 가까이에서 몸과 마음을 쉬게 하고픈 이들이
늘었다는 얘기겠지요. 건조하고 메마른 인간관계에서 상처받은 도시민들
은 정 넘치는 시골 마을을 그리워하기도 합니다. 하지만 아파트 생활자들
에게 귀촌은 어려운 결정입니다. 직장 때문에, 아이들 교육 때문에, 경제적
여건 때문에 등 다양한 까닭으로 과감하게 귀촌을 감행하기에는 엄두가
나지 않습니다.

그럼, 귀촌 말고, 아파트를 마을화하는 건 어떨까요? 시골로 갈 수 없으니
아파트를 바꾸는 거예요.

아파트 단지에서 마주하는 아이들과 인사하시나요? 함께 밥을 먹는 이웃
이 있나요? 좋은 게 있으면 나누고픈 이웃은요? 아랫집 윗집 옆집 사람들
과 통성명은 하셨나요? 아니, 엘리베이터에서 마주칠 때 딴 데만 쳐다보신
다고요? 한 지붕 아래 모여 사는 이들이 많은 아파트에서는 통성명이나 인

사는커녕 얼굴 붉힐 일만 안 일어나도 다행이라고요?

2017년 아파트 천만 호 시대에, 이 삭막한 아파트를 정겨운 아파트로 바꾸고 싶어 아파트 공동체를 찾아 나섰습니다. 아파트에서 소소하게 혹은 요란하게 공동체를 이룬 사람들의 이야기를 직접 들어보았습니다. 서울 아파트 열여섯 곳에서 귀촌하지 않고도 마을살이가 가능하다는 희망을 마주할 수 있습니다.

어려운 이웃을 위해 십시일반 모아 저금리 대출을 해주는 이들, 목공 봉사로 자존감을 키운 알코올중독 회복자들, 그리고 홀로된 노인을 찾아가 말벗이 되어주는 봉사단을 만났습니다. 상부상조의 정신은 시골에서만 살아있는 게 아니었습니다.

아이들과 정기적으로 1박 2일 캠프를 여는 아빠들도 만나고, 더불어 사는 삶이 무엇인지 가르치기 위해 뭉친 엄마들도 만났습니다. 단지 안에서 마주치는 아이들에게 스스럼없이 안부를 묻고, 이웃 아이들까지 제 자식처럼 살뜰히 챙기는 이들이었습니다. 마을 같은 아파트에서 자라는 아이들은 유난히 밝고 해맑았습니다.

아파트 작은도서관에서는 다양한 모임이 펼쳐집니다. 작은도서관을 가꾸고 지키는 이들부터 책모임을 하는 이들, 마을 바자회를 여는 이들까지 작은도서관을 매개로 따뜻한 아파트를 가꾸는 이들의 얘기를 들었습니다. 그들의 이야기를 읽다 보면 많은 이들의 가슴에 아파트 작은도서관을 만들어야겠다는 꿈이 생길 것 같습니다.

손재주가 남다르신가요? 스포츠를 좋아하나요? 아파트에서 재능과 취미를 공유해 보세요. 남북한을 이어준 탁구 동호회와 손재주를 기르는 만들기 모임, 그리고 청소년 벽화동아리와 어린이합창단, 자수동호회까지 아파트에서 재능도 찾고 이웃도 찾은 사람들이 그 비법을 알려줍니다.

환경도 지키고 건강도 지키는 이들의 이야기도 무척 흥미롭습니다. 플러그를 뽑고 태양광을 설치하려 모인 에너지자립마을 사람들, 쓰레기 가득했던 공터를 텃밭으로 바꾼 마을 봉사단, 텃밭 채소로 담근 김치를 나눠 먹고 함께 친환경 제품을 만든 이들을 만났습니다. 아파트를 함께 가꾼 덕분에 환경도 살리고 몸과 마음도 튼튼해졌다고 합니다.

구순한 아파트 생활을 이어가는 이들은 하나같이 말합니다. "부담 없어야 오래간다." "재미있어야 계속한다." 이들이 공동체를 시작한 배경, 모인 까닭, 운영 방법, 힘들었던 사례, 잊지 못할 추억, 그리고 앞으로 모임을 지속하기 위한 노력까지 가지각색 이야기를 들어보고 입말 그대로 풀었습니다. 부담 없이, 재미있게 아파트 공동체를 꾸리고픈 사람들에게 살가운 사례집이 되면 좋겠습니다.

층간 소음에 가장 평화롭게 대처할 방법, 바로 아파트에서 이웃을 만드는 일입니다.

이제 당신 차례입니다.

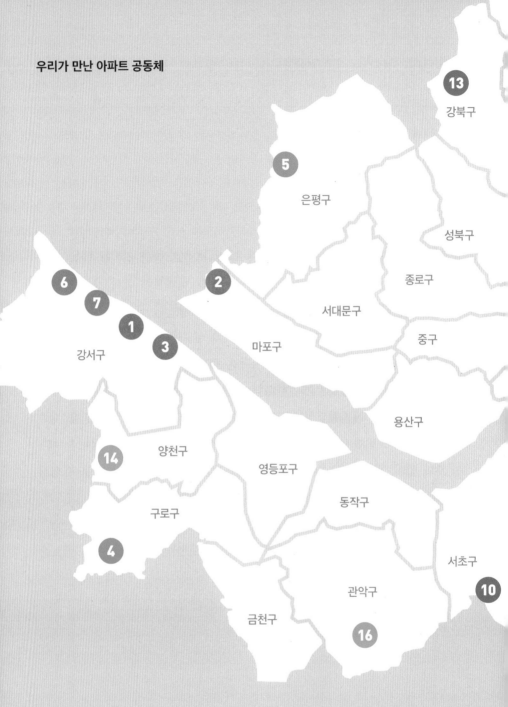

우리가 만난 아파트 공동체

우리 아파트에는 이야기가 산다

CONTENTS

목차

PART 1
서로 의지하고 서로 돕는 아파트

"혼자서는 어렵지만 열 사람이 모이면 도울 수 있지요"

이웃이 낸 돈으로 이웃에게 대출해 주는
동네금융 두레
-
가양5단지 마을협동금고 20p

"봉사 덕분에 자존감이 높아져 이겨낼 수 있어요"

알코올중독 치료 후 목공 봉사로 이웃에게 다가가는
-
성산단지 사랑회 46p

"혼자 계신 어르신들 밖으로 한 번이라도 더 나오게 하려고요"

홀로된 노인을 찾아가 말벗이 되어주는 사람들
-
가양9단지 울타리봉사단 64p

PART 2

아이들이 어울려 노니는 아파트

"아이들을 위해 1박 2일 아빠캠프를 열어요"

아이들과 함께할 프로그램을 기획하며
신난 아빠들

-

"화합할 줄 아는 아이들로 키우려고 모였죠"

더불어 사는 마을 만들기에 앞장서는
육아공동체

-

우리 아파트에는 이야기가 산다

PART 3

작은 도서관이 숨 쉬는
아파트

"책을 읽다 보면 마음에 무언가 차고
넘치는 걸 느껴요"

한 달에 두 번 모여 함께 책을 읽는 동아리
-
마곡엠밸리5단지 책동이 130p

"각자 재능대로
책 보는 눈이 다 달라요"

그림책을 나누며 도서관을 지키는
-
**마곡엠밸리4단지
책거름&책봄 150p**

"작은도서관을 지키면
마을이 살아납니다"

장서 관리부터 바자회 개최까지
-
강남한신휴플러스6단지 밤토리지킴이 170p

PART 4

재능도 찾고 친구도 찾는 아파트

"누구를 따돌리면 그 사람은 아웃입니다"

건강 찾고, 이웃 찾고, 꿈도 찾는 탁구 동호회
-
중계목화아파트 목화탁구회 192p

"못 만들어도 괜찮아요, 그냥 도전하세요"

재능기부로 손재주를 기르는 만들기 두레
-
서초포레스타6단지
똥손의모험 212p

이런저런 공동체

PART 5

자연이 좋아하는 아파트

"전기료 아끼려고 시작했는데,
이젠 탈핵까지 생각해요"

플러그 뽑고 태양광 설치하는 마을

신정이펜하우스1단지 에너지자립마을

"텃밭 가꾸고 화단 만드니,
주민들도 휴지 하나 안 버려요"

쓰레기 가득했던 공터를 텃밭으로 바꾼 도시농부 두레

하계5단지 한우리봉사단

이런저런 공동체

친환경 제품을 함께 만들어 나누는 사람들 관악드림타운 맑은세상커뮤니티

우리
아파트에는
이야기가
산다

'혼자'가 아닌

'우리'라면

가능합니다!

1

서로
의지하고

서로
돕는
아파트

이웃이 낸 돈으로
이웃에게 대출해주는
동네금융 두레
가양5단지 마을협동금고

홀로된 노인을 찾아가
말벗이 되어주는
사람들
가양9단지 울타리봉사단

알코올중독 치료 후
목공 봉사로
이웃에게 다가가는
성산단지 사랑회

interviewee

안성원 '마을협동금고' 이사장(인터뷰 당시 추진준비위원회 위원장)
김창오 '마을협동금고' 홍보이사(인터뷰 당시 추진준비위원회 위원)
김대호 가양5종합사회복지관 지역사회조직팀장

" 혼자서는
어렵지만

열 사람이
모이면
도울 수 있지요 "

가양 5단지 마을협동금고

이웃이 낸 돈으로
이웃에게 대출해 주는
동네금융 두레

가양5종합사회복지관 팀장 김대호 "2009년인가 용산구에 있는 동자동 쪽방촌에 갔어요. 거기서 쪽방촌 주민들을 만나 얘기를 들었는데 '사랑방마을공제협동조합'이라는 걸 만들려고 준비하고 계시더라고요. 그걸 들으면서 '와 대단하다' 싶었죠. 정말 해 보고 싶더라고요. 어떻게 보면 제 개인적인 비전이 생긴 거예요. 그런데 꿈만 꾸고 실행은 못 했어요. 사실 아무리 푼돈이라도 돈과 관련된 거잖아요. 옆집에 누가 사는지도 모르는 아파트 주민들을 상대로 돈과 관련된 문제를 건드렸다가 더 삭막해질까 봐…."

어떻게 이 '마을협동금고'를 시작하게 됐느냐는 물음에
가양5종합사회복지관 김대호 팀장은 개인적인 이야기를
늘어놔도 되겠느냐며 사람 좋은 미소로 너스레를 떨었다.
동자동에 다녀와 생긴 '무담보 소액대출' 모델[1]에 대한 꿈은,
한동안 그의 마음속 부채로 남았다. 부화하지 못한 꿈을
품기만 하다 2016년, 드디어 기회가 찾아왔다. 임대주택에 사는
주민들이 주도해서 경제모델을 만들도록 서울시 복지재단에서
지원해주는 사업이 있었는데, 여기에 선정되어 지원금을
받게 된 것이다. 숙원사업의 첫 삽을 뜨기까지 7년. 그는 그
시기에도 아무것도 안 하지는 않았다며 지난 발자취를 되짚었다.
코넷[2]이라는 교육기관에서 '주민조직가' 교육을 받기도 하고,
주민들을 만나 의견을 묻고 다녔다.

김대호 "동네사람들끼리 조금씩 돈 걷어서 그 돈으로 어려운 사람들한테 대출해주는 거 하면 어떻겠냐고 물었죠. 사람들 반응이 제각각이에요. 안 된다는 사람, 그게 말이 되냐는 사람, 생각은 좋다 하면서도 선뜻 하겠다고는 안

김대호 팀장(왼쪽)은 안성원 이사장(오른쪽)을 만난 후 외쳤다. "유레카!"
두 사람이 함께한 이야기가 뒤에서 계속된다.

하는 사람, '해야지' 하며 긍정적으로 얘기해주는 사람. 몇 년 동안 이렇게 주민들 만나면서 반응 살피고 의견 듣는 건 계속했어요. 2016년에 정말로 이 일을 시작하게 돼서 추진할 주민들을 모을 때 그런 과정들이 도움이 됐죠. 당시 호의적으로 대답해준 주민들을 다시 찾아가니까 이제 진짜 하는구나, 이게 몇 년이 걸린 거야? 하시더라고요. 그때 제가 나름 씨를 뿌리고 다닌 거더라고요."

그는 가을걷이를 앞둔 농부처럼 흐뭇하게 웃었다. 마침 안성원 추진준비위원회 위원장이 왔다. 혼자 골목 마실 나왔다가, 같이 놀 친구를 만난 아이처럼 김 팀장은 반갑게 그를 맞았다. 살갑게 대하는 두 사람을 보니 둘의 첫 만남이 궁금했다.

주민들 찾아다니는 과정에서
팀장님과 이사장님이 서로 만나신 거예요?

김대호 신기하게도 이사장님과는 삼사 년 전에 우연히 마주친 일이 있었어요. 이 양반이 집에 들어온 선물세트를 복지관에 놓고 가셨거든요. "어르신들 드리세요." 그러면서. 그런 분이 흔치 않잖아요. 그래서 '어 저분 되게 좋은 분 같다' 싶어서 언젠가 만나서 얘기 좀 하자면서 연락처를 받았죠. 그러고 삼사 년 지나 작년에 복지관에서 주민 인문학 모임을 만들려고 회원 모집하는 홍보지를 동네에 붙였어요. 어느 날 문의 전화를 받는데 이분인 거예요. 진짜 인연이다 싶어서 한번 만나자고 했죠.

'마을협동금고' 전 추진준비위원회 위원장, 현 이사장 안성원 만나서 처음엔 인문학 모임 얘기를 하다가 5단지 주민들을 위해 어떤 프로그램이 있으면 좋겠냐고 묻더라고요, 김대호 팀장이. 그래서 우리 마을에 가장 필요한 건 자립이라고 했죠. 이 단지 안에 건강이 안 좋거나 장애를 가진 분들이 많은데 이들에게 맞는 일자리가 있으면 좋겠다, 그래야 자립할 수 있다는 얘기를 했어요.

비록 대출 삼십만 원 작은 거지만 마을에
조금이라도 도움이 되는 거거든요, 생활에.
협동금고가 마을에 잘 정착하면 마을이 바뀐다는
생각이 들더라고요.

**가양5단지 마을협동금고
현 이사장 안성원**

김대호 "임대단지 주민들에게 복지는 자립이다!" 이사장님이 한 이 말, 진짜 명언이에요. '자립하려면 동네 주민들에게 일자리가 필요하다, 경제적인 어려움을 해결해야 한다' 막 이런 얘길 하시는 거예요. 저는 여기 2009년부터 있었으니까 거의 팔구 년 있었는데 이런 얘기를 한 주민을 처음 만났거든요. 그

❝

동네사람들끼리 조금씩 돈 걷어서 어려운 이웃한테
대출해주면 어떻겠냐고 했죠.
'대출' 하면 큰 거 생각하는데, 여기 주민들한테 필요한 건
당장 쓸 급전이에요.

가양5종합사회복지관 팀장
김대호

❞

때 어떤 생각이 들었냐면, 유레카! 사막에서 오아시스 만난 느낌? 그래서 바로 말을 꺼냈죠. 제가 구상하는 게 있는데 한번 들어봐 달라고. 동네 주민들이 오천 원, 만 원씩 걷어서 은행을 만들고 이걸 가지고 동네 지역 주민들한테 대출을 해주는 사업을 해 보고 싶다고 얘기했죠. 그랬더니 이 양반이 자기도 이런 게 필요하다고 생각했다는 거예요. 그러니까 진짜 죽이 잘 맞았죠.

안성원 사실, 그 말을 처음 들었을 땐 '좀 어렵지 않나' 그런 생각을 했죠. 돈과 관련된 일이라 부담스럽고. 그런데 우리 마을에 대해서, 그리고 제 생활에 대해서 이렇게 관심 두는 분이 없었는데 이런 분이 얘기를 하니까 그거 어렵겠다고 얘기할 수가 없더라고요. 그래서 적극적으로 나도 필요하다, 잘만 하면 되겠다고 얘기했죠. 돈 주고 하라 그래도 힘든 일인데 그런 것을 제시하고 한번 해보자고 하니 너무 감동이었죠. 그래서 이걸 위해서 내가 할 수 있는 게 뭔가 생각해봤더니 주민 만나고 설득하고 그런 거더라고요. 예전에 그런 일을 조금 해 봤기 때문에 그런 면에서 '내가 도울 수 있겠구나, 또는 좀 더 잘할 수 있겠다' 이런 생각을 하게 됐죠.

그들 표현대로 죽이 잘 맞는 이 두 사람은 진작 협동금고를 열어 살뜰하게 운영하는 곳들을 찾아다녔다. 특히 동자동 '사랑방마을공제협동조합'[3]에 수차례 찾아가 서너 시간을 앉아서 계속 듣고, 또 들었다고 한다. 쉽지 않은 일이라는 걸 알기에, 그들 스스로에게도 '우리가 정말 할 수 있을까?' 하는 의구심을 떨치는 시간이 필요했다. 차근차근 자신감을 얻어 '이런 열정이라면 할 수 있다'고 확신한 이 두 벗은 드디어 2016년 8월에 주민설명회를 열었다.

설명회 하려고 주민들 모으기까지
순탄치 않으셨을 것 같아요.

김대호 그때 정말 더웠거든요. (이사장님이) 다리도 불편하셔서 고생 많았죠. 여기는 15층짜리 복도식 아파트가 16개 동이거든요. 15층까지 올라간 다음에 문 두드려서 한 집 한 집 다 얘기했어요. 열어주는 집은 열어주고, 문전박대하는 집도 있고. 그렇게 땀 엄청 흘리면서 했죠. 주말에도 같이하고. 덕분에 한 오십 명 정도 오셨어요.

안성원 모여서 마을협동금고가 이 마을에 왜 필요한지 이야기 나눴어요. 그분들 중에서 정말 여기에 관심을 두고 한번 해보겠다고 생각해서 설명회 이후에 다시 만난 사람이 한 아홉 명 정도였죠.

김대호 다시 모인 분들에게 얘길 했죠. 진짜 해보시겠느냐고. 복지관이나 제가 전면에 나서진 않고 여러분들이 해야 하는 일이다, 이게 잘되면 좋겠지만 잘 안되면 동네에서 욕을 바가지로 얻어먹을 수 있다, 그래도 하시렵니까 했더니 한번 해보자는 거예요. "좋다, 가자, 한번 해봅시다." 그때부터 회의를 계속했죠. 거의 일주일에 한 번씩 했던 거 같아요. 저녁 일곱 시에 만나서. 지금까지 회의만 한 삼사십 번 한 것 같아요.

두 분이 함께여서 그 지난한 과정을 꾸준히 밟고
여기까지 오실 수 있었던 게 아닐까 싶어요.
서로 많이 의지되셨겠어요.

김대호 제가 나이가 한참 어린데도 막 얘기할 때가 있거든요. 그래도 되게 존중해주고 받아주셔서 얘기하기가 편해요. 그리고 또 이사장님도 저한테 '너 이렇게 하면 안 된다, 왜 이렇게 하지' 그런 얘기도 해 주세요. 사실 그냥 입에 발린 말 좋은 말만 하면 이렇게 못 했을 거예요. 근데 서로에게 가끔 쓴소리도 하니까 더 신뢰가 생기지 않았나 싶어요.

안성원 꾸준히 대화를 하니까 그런 것들이 생겼고.

김대호 가끔 이사장님이 전화해요. 카페로 오라고. 여기(복지관 1층 작은도서관 안에 있는 카페) 말고 단지 밖에 있는 카페. 그러면 뭔가 스트레스를 받으신 거예요. 그럼 나가야죠.

안성원 여긴 (주민들에게) 다 들리잖아.

김대호 너무 고마웠어요. 왜냐면 사회복지사를 하다 보면 깊은 관계가 있지 않은 이상 주민들이 싫은 소리를 못 하시거든요. 싫은 소리까진 아니고 저한테 조언 같은 거 해주셨는데 제가 말씀드렸어요. 너무 고맙다고, 이렇게 얘기해주시는 게. 그냥 본인이 숨기고 에라 모르겠다 할 수도 있는데 얘기해주셔서 정말 고마웠죠.

온 세상의 찬성보다도
'아니' 하고 가만히 머리 흔들 그 한 얼굴 생각에
알뜰한 유혹을 물리치게 되는
그 사람을 그대는 가졌는가
- 고(故) 함석헌 선생의 시 <그 사람을 가졌는가> 중에서

어떤 덕목보다도 '마을협동금고'에 필요한 덕목은 신뢰일 텐데, 신뢰라는 것은 입에 발린 소리만 나누는 관계에서는 탄탄해지기 어려운가 보다. '아니' 해야 할 순간엔 앞뒤 재지 않고 머리 흔들어 주는 사이여야 신뢰하는 사이가 되는 게 아닐까. 이 두 사람처럼 말이다. '마을공동체'가 만들어지는 바탕에 '신뢰, 믿음, 우정'이 있어야 한다는 사실을 새삼 느끼게 하는 대화였다. 서로 기둥이 되어주는 이 두 사람은 8월 주민설명회 후 모인 이들과 창립추진준비위원회를 꾸려 11월 말에 발기인 대회를 열었다. 처음엔 아홉 명으로 시작했지만, '양손에 한 명씩 데려오자' 약속하여 시나브로 모인 이들이 거의 스무 명에 가까워졌다. 김 팀장을 제외하고는 가양5단지 주민들로만 구성된 추진위는 각자 밥벌이로 바쁜 낮을 피해 바지런히 저녁에 모여 의견을 나눴다. 처음엔 저축할 요량으로 모인

이들도 있었지만, 마을협동금고의 필요성에 공감하자 아파트 주민들 삶의 질을 높이고 공동체성을 키워보자는 생각으로 품을 들이게 되었다고 한다. 놀라운 것은 이런 생각으로 나아가자 결속력이 더 강해지고 열의를 보이는 이들이 늘어났다는 것이다.

김대호 12월에 한 워크숍에서 우리한테 필요한 게 뭐냐 물었더니 이 양반들이 얘기하는 게 첫째로 교육, 둘째로는 신뢰와 믿음, 셋째는 사람 모으기라고 하시는 거예요. 강사가 얘기한 게 아니라 이분들이 머리를 맞대고 한 얘기예요. 그게 왜 필요합니까 물으니 마을협동금고를 알리려면 먼저 우리가 뭘 알아야 다른 사람들한테 홍보도 하고 알릴 거 아니냐, 그러니 교육이 필요하다 하시고, 두 번째로 또 어쨌든 돈과 관련된 문제니까 사람들이 서로 믿고 친해져야 한다는 얘기가 나왔어요. 세 번째로 사람이 모여야 돈이 모이고 이게 될 거 아니냐 그러시더라고요.

"비가 오나 눈이 오나 거기 서 있어야 사람들이 우리가 이걸 한다는 걸 알지. 어느 날은 나오고 어느 날은 안 나오고 그러면 신뢰가 없어져요." 안성원 이사장은 그렇게 한결같이 주민들을 만났다.

김 팀장은 정관도 짜고, 통장도 만드는 등 준비할 게 많아 출자가 좀 늦어졌는데, 그때 열성적인 추진위로부터 지청구도 들었다 한다. "아니 언제까지 회의만 하고 있을 거야, 빨리빨리 출자를 해야 돈이 모이지!" 하는 싫지 않은 꾸지람 말이다.

그럼 첫 출자는 언제 하셨나요?

김대호 12월 말에 했어요. 아직도 금액이 떠올라요. 17만 원. 그렇게 시작을 했어요. 재밌더라고요. (웃음) 은행놀이 하는 거 아세요? 주민들이 돈 갖고 찾아오면 거기다 날짜랑 금액 써드리고 도장 찍는 거예요. 사회복지사 15년 하면서 이런 일을 처음 겪어보니까. (계속 웃음) 통장이 또 예뻐요. 단가가 개당 800원 정도 하는데. 할머니가 통장 하나를 만들면 다른 할머니들한테 보여줄 거 아니에요, 그럼 참 예쁘다면서 이게 뭐냐고 궁금해하시고, 가입하러 오세요. 그게 너무 신기한 거예요.

우리가 모여 있다는 소식을 듣고 김창오 홍보이사가 찾아왔다. 휠체어를 탄 그를 위해 널찍한 공간으로 자리를 옮겼다. 능숙한 솜씨로 전동휠체어를 다루는 그를 보며, 마을협동금고 홍보를 위해 그가 얼마나 많이 이 공간을 오고 갔을까 하는 생각이 들었다.

통장을 만든 주민이 다른 주민을 데려오고, 그 주민이 또 다른 주민을 데려오는 식으로 하면 금방 회원이 늘겠어요. 길거리에서 홍보하는 것보다 이렇게 한 명이 다른 한 명을 데려오는 식으로 하는 게 더 효과가 큰가요?

'마을협동금고' 전 추진준비위원회 위원, 현 홍보이사 김창오 그런 것도 있죠. 그런데 길거리에서 하는 것도 반응이 좋아요.

안성원 다들 바쁘게 사셔서 모이라고 하면 잘 안 돼요. 그런데 우리가 단지 입구에서 오시는 분들 만나서 직접 설명을 하니까 "어 이런 것도 있네!" 하면서 반응이 아주 좋아요.

김대호 반응이 얼마나 좋은지, 다른 단지에 사시는 분들도 이런 거 만들자고 하셨대요. 나중엔 저희가 축적해온 노하우들 전수해드려야죠. 저희가 '마을협동금고' 이름 앞에 5단지를 안 넣은 것도 그런 이유예요. '다들 이 이름 갖다 쓰시오' 그런 거.

안성원 벌써 소문이 나서 7단지에서도 왔었어요. 한 시간 넘게 설명 들으시고 갔어요.

김창오 저희 집사람도 들어오겠다고 해요.

김대호 이렇게 들어오는 거거든요. 한 명씩 한 명씩.

안성원 그게 바로 홍보효과예요. 주민들 만나고 집집이 찾아가서 설명하고 월요일마다 홍보하고 주민설명회도 하고 이해하신 분들이 참여하고.

김창오 저도 그렇게 시작했어요, 처음에. 어느 날 복지사 선생님(김대호 팀장)을 만났는데, 마을협동금고 얘길 하시는 거예요. 가만 들어보고 좋은 생각이라고 말했어요. 저는 설마 이렇게 빨리 될 거라고 생각 못 했거든요. 여기 들어올 거라고 생각지도 못했는데.

김대호 홍보이사님께서는 처음에 되게 부담스러워하셨어요. 무엇인가 역할을 맡는 거에 부담스러워 하셨는데. 이 분이 개인 유튜브를 운영하세요. 나가서 사진 찍고 영상 찍고 유튜브에 올리는 걸 하시는데, 그럼 그거 하시라고 했더니, '그건 할 수 있다' 그래서 제가 홍보이사를 맡아 달라 했거든요.

김창오 그거밖에 할 수가 없고요, 그것도 겨우 초보 벗어날까 말까 하는 중이에요.

안성원 마을에는 자기 재능을 활용하지 못하고 사장하는 분들이 많아요. 맞춤취업교육 같은 게 있으면 좋겠어요. 이렇게 다들 재능은 있어요, 기술도 있고, 열정도 있고. 근데 펼칠 수가 없는 거야. 그래서 계속 수급자로 살아가는 거거든요. 생활력으로 연결해서 가족을 이끌어야 하는데.

김대호 이사장님 말씀처럼 다 각자 잘하시는 게 있어요. 그걸 잘 찾아서 연결하면 돼요.

"창조성의 비밀은 재미와 장난에 있다." 브라질의 쿠리치바를 혁신하여 세계 생태도시로 만든 자이메 레르네르 전 쿠리치바 시장의 말이다. 마을공동체를 꾸리고 도시를 새롭게 가꿀 창조성은 책임감만으로는 나올 수 없을 것이다. 내가 재미있고, 잘하는 일을 하면서 보람도 생겨야 아이디어도 나오고, 마을도 만든다. 이들처럼 말이다. 재산, 사회적 지위, 학벌을 떠나 마음 맞는 사람들끼리 모여 자기 재능을 펼칠 수 있다는, 혹은 자기도 모르는 재능을 발견할 수 있다는, 바로 그 점이 마을공동체가 지속되는 힘이다. 이들처럼 마을에서 재능을 발굴하고, 발휘하고, 나아가 기부까지 하는 사람들이 있다는 사실이 처음엔 놀라웠다. 그런데 어떤 대가도 바라지 않고 재능을 기꺼이 기부하는 본인들은 정작 무덤덤했다.

이사장님은 따로 보수를 받지는 않으세요?
돈도 안 되는 이 고된 일을 어떻게 이렇게 계속하세요?

안성원 제가 여기서 살았잖아요. 지금도 살고. 창문 밖으로 내다보면 멀쩡한 사람들이 일거리가 없어서 힘들어하는 거 다 보이잖아요. 공원에. 저도 힘들고. 누가 손 좀 잡아줬음 하는데 세상이 어디 그렇습니까? 자기 살기 바쁘고 좋은 거 있으면 자기가 다 챙기고.

김대호 정관에 박아놨어요. 무보수 명예직이라고. (웃음)

안성원 비록 대출 삼십만 원 작은 거지만 마을에 조금이라도 도움이 되는 거거든요, 생활에. 그리고 협동금고라는 것이 마을에 잘 정착하면 마을이 바뀐다는 생각이 들더라고요. 아파트라는 문화는 관계 맺기가 굉장히 안돼요. 옆집에 사람이 이사 와서 인사 나눠도 걱정이 돼. 좋은 사람인지. 그래서 다음 날부턴 눈감고 모른 척해요. 그런데 협동금고가 잘 정착되면 그런 것이 사라질 것 같아요.

삭막한 아파트 마을이 바뀔 수 있다고 믿으세요?

안성원 조합원으로 가입해서 저축하면 다른 사람이 내가 저축한 돈으로 대출을 받잖아요, 그러면 서로 돕는 관계거든요. 그리고 조합원으로서 책임감을 느끼고 출석도 하고 소속감이 생겨요. 그럼 길가에서 만나면 인사하게 되고 가까워지게 되는 거죠. 얘기하다 보면 친구도 될 수 있는 거고. 내가 사는 마을에 도움이 되는 일이니까 움직이게 돼요. 또 함께 모여 속마음 터놓을 수 있는 사랑방 역할을 우리 마을협동금고가 해 나가면 마을이 바뀐다는 생각이 들어요. 생각이 바뀌고 생활이 바뀌고.

무보수로, 어떤 대가도 바라지 않고 이 일을 계속하는 안 이사장의 행보에 놀랍기도 하고, '마을이 바뀐다'는 희망을 서슴없이 말하는 자신감에 반갑기도 했다. 소음만으로도 서슬 퍼런 다그침이 오가는 아파트 공화국에서 '옆집'이 '이웃집'이 될 가능성을 발견했기 때문이다.

아참, 곧 창립총회 하신다고 들었어요. 축하드려요.

김대호 백 명의 조합원과 오백만 원의 출자금이 모이면 창립총회를 한다고 목표를 세웠죠. 올해 10월이면 될까 싶었어요. 솔직히 더딜 거라고 생각했어요. 근데 아니더라고요. 주민이 움직이니까 되더라고요. 다들 진짜 열심히 하셨어요. 월요일마다 홍보하세요. 약국 앞에서 파라솔 쳐놓고. 이사장님이 그러시더라고요. "비가 오나 눈이 오나 거기 서 있어야 사람들이 우리가 이걸 한다는 걸 알지. 어느 날은 나오고 어느 날은 안 나오고 그러면 신뢰가 없어진다."

김창오 예상했던 것보다 정말 빨리 달성됐어요. 지금까지 127명이 출자해서 출자금은 한 육백팔십만 원. 처음엔 한 달에 한 오십만 원씩 들어오더라고요. 지금은 조합원이 127명이잖아요. 한 달에 한 백삼십만 원씩 들어와요.

김대호 돈이 중요한 게 아니라 사람을 모으는 게 중요하다는 걸 느꼈어요.

최대 얼마까지 대출받을 수 있어요?

안성원 최대 삼십만 원이에요. 많지 않죠. 이유가 있습니다. 사람이 한 달에 삼만 원 오만 원 정도는 갚을 의지가 생겨요. 근데 십만 원 넘어가면 부담된다고 하더라고요. 이자는 2퍼센트입니다. 삼십만 원 빌리면 일 년에 육천 원 한 달에 오백 원.

대출 상환이 잘 안 되면 어떡하죠?

김대호 처음엔 걱정 많았죠. 안 갚으면 어떡할 거냐. 근데 결국에는 믿음 없으면 못 간다는 게 공론화됐고, 우리끼리 그런 게 있었죠. 아니 그 삼십만 원 떼어먹으면 그 사람 이 동네에서 얼굴 들고 살 수 있겠냐고. 다 갚는다고. (웃음)

다달이 내야 하는 출자금(저축액)이
정해져 있나요?

김대호 조합원이 되려면 한 계좌에 최소 오천 원을 출자해야 하지만 달마다 오천 원을 안 내도 돼요. 어떤 달은 오천 원 내고, 여유 있는 달은 만 원도 내고, 없는 달은 못 내는 거고.

	출자금		조합원번호: 2017-0001	성명: 김대호	①	
행수	년월일	적요	찾으신 금액	출자하신금액/배당금	출 자 금 액	비고
1	2017.1.2			₩10,000	₩10,000	
2	2017.1.16			₩10,000	₩20,000	
3	2017.2.2			₩10,000	₩30,000	
4	2017.3.2			₩10,000	₩40,000	
5	2017.3.28			₩10,000	₩50,000	
6	2017.5.2			₩10,000	₩60,000	
7	2017.6.1			₩10,000	₩70,000	
8						
9						
10						

그럼 출자금이 자기 형편 따라
저마다 제각각이겠네요?

김대호 네, 다양해요. 한 달에 오만 원 내시는 분들도 계시고, 한 달에 오천 원 내시는 분들도 계시고. 저금통 가져오는 분도 계시고.

대출자들 중에 자립하는 사례가 생기면
무척 뿌듯하시겠어요.

김대호 그렇겠죠. 그런데 삼십만 원 대출받은 거로 자립은 어렵고, 이걸 시작한 배경이 급전이었어요, 급전. 예를 들어 당장 충치 치료를 해야 하는데 한 이십만 원 든다고 하면, 돈 없어서 참는 거예요. 갑자기 애가 학원을 가고 싶대. 근데 아버지가 돈이 십만 원 정도 모자라요. 애가 중학교 입학을 해서 교복을 사줘야 하는데 교복값 되게 비싸죠. 그런 돈. 한 이삼십만 원 돈. 급전 때문에 오부 이자 쓴다, 카드 현금서비스 받는다, 이런 돈. 또 주민들 얘기를 들어 보면 돈 십만 원 때문에 옆집에 돈 빌리면서 자존심이 확 상한다 이거지. 자존심 안 상하게 우리가 스스로 해볼 수 있는 거잖아요, 이렇게 하면. 그런 거에 초점을 두고 한 거죠. 실제로 동자동 '사랑방마을공제협동조합' 대출 사유서를 보면 다 그런 거예요. 고향에서 어머니가 올라오셔서 저녁 대접해요, 아이가 학교 가서 가방 사줘야 해요. 이런 거로 대출받아요. '대출' 하면 큰 거 생각하는데, 여기 주민들에게 정말 필요한 건 바로 오늘 당장 삶과 관계된 거예요.

'경제적 자립'이라는 거창한 목표를 생각했던 게 참 세상

물정 모르는 배부른 소리였다는 걸 깨달았다. 이들이 대출을 받아야만 하는 이유는 소박하지만 절박했다.

갑자기 돈이 필요할 때 이곳 주민들은 그저 막막할 수밖에 없다. 기초생활수급자나 일용직 노동자가 은행에 예금하면 경제력이 있다고 간주해 구청에서 기초생활수급비를 깎는다. 없는 형편에 저축도 마음대로 할 수 없다. 그러니 마을협동금고에 조금씩 출자해 놓으면 이자는 전혀 붙지 않지만 급히 필요한 돈을 마련할 '비빌 언덕'이 생긴다. 윗집 아랫집 옆집 사정을 아는 가양5단지 주민들은 십시일반 모아 서로의 가려운 곳을 긁어주기로 한 것이다.

'우리 아파트에도 이런 마을협동금고를 만들고 싶다' 하는 분들에게 가장 염두에 두라고 조언하고 싶은 건 뭔가요?

김대호 제일 중요한 건 이걸 할 주민들이 필요하다는 거죠. 마을 주민들이 주체가 되어야 한다는 게 핵심이에요. 저희도 시작할 때 절대로 사회복지사나 복지관이 주가 되면 안 된다는 원칙을 세웠죠. 주민들이 아니라 복지사나 복지관이 주가 되면 그냥 불우이웃 돕기 프로그램이 되어버릴 수 있잖아요. 지난번에 다른 모 단지에서 찾아오셨는데 뭐라고 하냐면, 지자체 같은 데서 돈을 받아서 그걸로 대출사업을 하면 되지 않느냐는 거예요. 근데 그게 무슨 의미가 있을까요. 저희가 얘기했던 육백칠십만 원 출자금은 다 주민 돈이에요. 100퍼센트. 그렇게 해야 그 돈 귀한 줄 알고 빌려 가는 사람도 이게 어떤 돈인데 갚지 않겠느냐 하죠. 연말이나 명절 때 막 불우이웃 지원금 나오잖아요. 그렇다고 그분들의 삶이 변하나요? 그냥 의존성만 생길 뿐이지.

근데 실제로 이렇게 본인들이 스스로 모아서 도우면 '이거 은근히 보람되고 재밌다' 그러세요. '우리가 오천 원, 만 원을 낸 게 모이니까 목돈이 이렇게 되는구나, 단 몇 달 만에. 정말 티끌 모아 태산이구나' 느끼시는 거예요.

김창오 저희 선전구호가 '혼자가 아닌 우리라면 가능합니다'인데 그것도 주민들이 만드신 거예요. 그때 별의별 게 다 나왔어요. '한 사람이 한 사람을 돕긴 어려워도 열 사람이 한 사람을 도울 수는 있다'도 나왔죠. 그런 경험들을 실제로 하시는 거예요. 그리고 저축도 하면서 의미 있는 일도 하니까 놀라운 경험이잖아요, 사실.
또 당부하고 싶은 게, 우후죽순처럼 막 생겨나지 않으면 좋겠어요. 너무 영리사업으로 변질될까 봐.

김대호 네, 저희도 준비만 2년 걸렸어요. 만약 하겠다면 정말 동자동 '사랑방 마을공제협동조합'이나 저희 가양5단지 '마을협동금고' 찾아와서 프로세스를 많이 듣고 시작하면 좋겠어요. 할 거면 땀 무진장 흘릴 각오하고 해야 한다는 걸 말씀드리는 거예요.

안성원 그리고 실제로 진짜 그 동네 주민들에게 필요한 건지 주민한테 먼저 묻고 시작하라고 말하고 싶어요. 우리도 사실 주민들이 필요 없다고 했으면 안 했을 거고 못 하는 거죠.

앞으로 가양5단지의 '마을협동금고'가 계속 이어지려면 무엇이 필요한가요?

김대호 자립할 공간이요. 이 마을협동금고는 복지관이 운영하는 하나의 프로그램이 아니거든요. 그런데 복지관으로 돈을 내려 오면 주민들이 오해할 수가 있어요. 복지관 사업이라고. 복지관 사업이 아니라 우리 동네에서 우리 주민들이 주도적으로 하는 일이라고 인식하도록 별도 공간이 필요해요.

안성원 공간이 필요한 이유가 또 있어요. 조합원들이 출자금만 내려 오는 게 아니에요. 여러 가지 얘기를 나누게 되죠. 뭐가 힘든지, 뭐가 필요한지 등등. 여기에서 좀 더 발전하면 공판장 같은 걸 하고 싶어요. 물건을 싸게 구매해서 회원들에게 좋은 식품을 공급하는 거죠. 회원들에게 싸게 공급하고 거기서 조금이라도 남는 게 있으면 우리 수익으로 잡아서 협동금고 운영비로 사용하려고요. 회원 대상으로 얼마든지 할 수 있거든요.

또 있어요. 홀몸노인들 돌아가시면 그분들 출자금 쌓인 것으로 장례 치러드리면 좋겠어요. 말을 안 해서 그렇지 홀몸노인들이 그런 거 많이 고민해요, 나 죽으면 어떡하나. 돈이 부족하면 조합원들이 보태고요. 이런 일들을 복지관이 아닌 우리 주민들 스스로 해 나가려면 자립할 공간이 꼭 필요합니다.

서울시 마을공동체 위원회 위원장이었던 문화인류학자
조한혜정 교수는 한 칼럼에서 공동체를 조직하고 합작 회사를
차리기도 하는 청년시민들을 응원했다. 그녀는 '청년시민들의
새로운 발상, 협업 가능한 동료, 그리고 펀딩에 이르기까지
많은 일이 공유공간과 소셜미디어로 인해 가능해졌다'며
이들에게 필요한 것은 일자리가 아니라 시민이 될 공간과
활동수당임을 강조했다. '마을협동금고'의 터를 일군 이들이
공유공간의 필요성을 주장하는 건 터무니없는 요구가 아니다.
자발적으로 공동체를 꾸려가는 이들에게 주민들을 만나고,
소통하고, 이웃을 위한 새로운 시도를 해볼 수 있는 공간이 빨리
조성되었으면 좋겠다.

1 마이크로크레딧
일반적으로 제도권금융회사와 거래하기 어려운 저소득층에 대한 무담보 대출로서, 1970년대 방글라데시, 베네수엘라 등 제도금융권이 발달하지 않은 저개발국에서 시작되었다. 우리나라는 정부나 지방자치단체, 그리고 소액서민금융재단의 민간단체 자금 지원, 민간기부금으로 마이크로크레딧 사업을 수행하고 있다.

2 코넷
한국주민운동정보교육원(Korean Community Organization Information Network/CONET). 주민운동의 가치인 주민 자치와 지역사회 공동체를 구현하기 위하여 1996년 설립된 단체로 주민이 자신의 가능성을 찾도록 교육훈련하고, 주민지도자와 주민조직가를 양성하는 주민운동 교육기관이다.

3 사랑방마을협동조합
2011년 용산구 동자동 쪽방촌 주민들이 모여 만든 문턱 없는 은행으로 '무담보 소액대출'을 제공한다. 한국주민운동정보교육원(코넷) 최종덕 대표의 권유로 2010년 1월 만들어졌다. 추진위원들은 폐지를 주워 모아 홍보비를 마련하고, 출자금을 걷으러 다녔다. 25명으로 시작한 조합은 2017년 현재 400여 명의 조합원이 있으며 출자금은 1억을 넘긴 지 오래다.

가양5 마을협동금고의 창립총회 날, 예상대로 안성원 추진위원장이 이사장으로 뽑혔다는 소식을 들었다. 가문 땅에 장맛비가 내려 여기저기 짙푸른 풀들이 무성할 때였다. 무섭게 오른 잡초를 보니 아직 두레의 전통이 남은 농촌에선 조만간 김매기 두레를 하겠거니 싶었다. '두레', 정겨운 단어다. 혼자 하기 힘든 농사일을 마을 사람들이 힘을 모아 함께 하려고 만든 조직. 가양5단지 마을협동금고는 21세기의 새로운 '두레'가 아닐까. 혼자서는 급전을 마련하기 어려운 사람들이 서로 조금씩 보태 이웃의 딱한 처지를 해결해 주는 공동체니, '급전 두레' '저축 두레' '금고 두레' 등으로 부르면 되겠다.

두레에는 '좌상'이 있다. 마을 농사일을 계획하고 이끄는 가장 큰 어른을 부르는 말인데, 두레에서는 누구든 좌상의 말을 잘 들어야 서로 일손이 잘 맞고 능률이 오른다고 한다. '좌상' 하면 왠지 허연 수염을 지긋이 기른 위엄 있는 어르신이 떠올랐지만, 안 이사장을 만나고 온 후엔 '좌상' 이미지가 달라졌다. 수줍은 미소를 띤 말간 얼굴, 집집이 문을 두드리며 의견을 구하는 주름진 손, 두레 이야기만 나오면 번득이는 선한 눈, 안 이사장의 모습이다. 마을이 한 사람만으로 만들어지는 것은 아니지만, 마을 두레를 공평무사하게 이끄는 좌상 없이는 결코 이뤄질 수 없다. 그러니, 그가 지치지 않기를, 늘 사심 없기를 바란다. 동풍에 나부껴 누웠다가, 울었다가, 다시 누웠다가, 바람보다도 먼저 일어나는 풀처럼 말이다.

interviewee

김병곤 회장, 장두식 부회장, 조현수 부회장, 이재의 총무
김준모 서기, 김희원 활동반장, 이재철 회복자 상담가, 김순덕 회복자 상담가
정종호 SH마포센터 과장, **김남훈** 마포정신건강복지센터 사회복지사

"
봉사 덕분에 자존감이 높아져

이겨낼 수 있어요
"

알코올중독 치료 후 목공 봉사로
이웃에게 다가가는

성산단지 사랑회

SH마포센터 과장 정종호 단지 안에 알코올중독 문제로 힘들어하는 분들이 계셨어요. 그래서 2012년 후반에 마포구 정신건강 복지센터와 협력해서 그런 주민들이 치료를 받도록 했어요. 처음에는 저희 오는 거 싫어하셨어요. 필요 없다, 귀찮다 하시면서. 그런데 점점 마음을 여셨고, 치료가 잘 진행됐어요. 그러면서 이분들이 스스로 우리도 아파트에 무언가를 해 주고 싶다는 생각을 하셔서 봉사단체 사랑회를 꾸린 거죠. 사랑회를 조직해서 공동체 활동한 건 이제 3년 차예요. 이 활동으로 지금은 단주하신 분들이 꽤 많아요.

사랑회를 만들기 전, 이 아파트에서 알코올중독 치료를 받는 이들은 사회적 약자였다. 기관이나 이웃들로부터 도움을 받는 사람들이었다. 그랬던 그들이 이제는 많은 분들에게 도움을 주는 사람이 되었다. 알코올중독 치료와 병행하는 목공 봉사 덕분이다. 사랑회는 한 달에 한 번은 정신건강복지센터 선생님을 만나 치료와 상담을 받고, 두세 번은 야외에서 목공 봉사를 한다. 목공 기술을 배워서 아파트 주민들에게 필요한것들을 만들어 기증하는 일이다.

SH마포센터 정종호 과장은 3년 전 사랑회를 시작할 때부터 함께했다. 사랑회 회원들을 향한 편견이 거둬지길 바란다며 애정과 희망을 담아 이야기를 이어갔다.

정종호 맨 처음 만들어 기증한 게 (휠체어 경사로를 가리키며) 이거예요. 처음에는 폐자재를 재활용해서 만들었는데 오래 못 가더라고요. 그래서 방부목으로 교체해서 다시 제작한 거예요. 여기 마을 텃밭에서는 주민들이 직접 채소 길러서 나눠 드시는데, 텃밭과 차도의 경계가 없어서 차들이 텃밭 안으로 넘어오더라고요. 그래서 사랑회에서 이렇게 깔끔하게 울타리를 쳐 드렸어요. 사랑회에서 기증한 것들을 더 보여드릴게요.

복지관으로 들어가 사랑회의 손길이 닿은 곳들을 함께 둘러보았다. 반찬 봉사를 하는 한부모가정 모임 공간에는 선반을, 자살 예방 활동가들의 공간에는 상담용 테이블을 만들어 기증했다고 한다. 복지관 밖 아파트 단지 곳곳에서도 사랑회가 만든 목공용품들이 살뜰하게 제몫을 다한다. 사랑회가 기증한 화분에서는 아파트 청소년들이 심은 꽃들이 자란다. 아파트 각 동 앞에는 몇 동인지 번호를 표시한 나무 표지판을 세웠다. 건물마다 동 번호가 너무 높이 쓰여 있어서 어르신들이 보기에 불편하다는 사연을 듣자, 사랑회에서 어르신들 눈높이에 맞게 동 번호 표지판을 제작한 것이다.

아파트 주민들을 위한 물품들을 만들어 기증하시니까 주민들도 좋아하고, 사랑회 회원들도 무척 뿌듯해하실 것 같아요. 다른 봉사도 많은데, 어떻게 목공 봉사를 할 생각을 하셨나요?

정종호 단지 안에 낡은 시설물이 자주 파손되거든요. 그래서 우리 사랑회가 마을을 관리해 보자고 제안했어요. 다들 좋아하셨고, 벤치 같은 것들부터 시작해서 하나씩 하나씩 수리해온 거예요. 여기 단지가 1991년도에 지어졌으니까 벤치들이 오래됐죠. 파손된 것들도 있고요.

마포정신건강복지센터 사회복지사 김남훈 젊을 때 목공 해보신 분들이 계셔서 좋은 아이디어도 많이 내세요. 이 벤치 안쪽에 바퀴벌레가 엄청났거든요. 사랑회에서 이걸 보수하면서 아래 공간을 비워야 습기가 안 찬다고 의견을 주셨어요. 그래야 나무가 빨리 상하지 않고 벌레들이 꼬이지 않는다고. 아마추어 솜씨이긴 한데 그래도 나쁘진 않죠? (웃음)

> 매미 소리가 한창이다. 지어진 지 오래된 단지여서 시설물들이
> 낡기는 했지만 오래된 만큼 나무들은 무성하게 자라 커다란
> 그늘을 드리웠다. 단지를 도는 동안, 그늘 곁 벤치를 찾은
> 어르신들과 아이들을 더러 만났다. 벤치가 낡은 채 그대로였다면
> 이 좋은 나무 그늘도 빛 좋은 개살구였을 텐데 다행히도 새
> 벤치가 생겨 그 가치를 제대로 발휘하게 됐다.

와 여기는 평상이 있네요. 시골 당산나무 아래 놓인 평상 같아요.
이것도 혹시 사랑회에서 만드신 건가요?

정종호 네. 누구나 여기서 차 한 잔 마시고 이야기 나눌 수 있는 공간으로 쓰시라고 마루처럼 만들었어요. 처음에는 쓰레기가 많이 모일까 봐 걱정했어요. 그런데 다들 알아서 치우시는 거예요. 자기가 버리지 않은 것도 주민들이 지나가시면서 보이면 주워서 가시고, 계속 관심을 주시더라고요.

사랑회에서 만들어 기증했다는 걸 아시고
더욱 애정 어린 관심을 주시는 것 같네요.
'내 이웃이 만든 것이니까 함부로 쓰지 말아야겠다',
그런 마음이 아닐까요?

정종호 그렇죠. 처음에는 주민들이 '왜 이런 일을 해?' 하셨는데 이용하시면서 '좋다, 편하다' 칭찬 많이 해 주세요. 관리소에서 설치할 때보다 파손이 덜해요. 내 이웃이 만들었다는 걸 아시고서는 정이 생겨서인지 파손도 줄었고 자발적으로 아끼고 관리해 주시더라고요.

김남훈 사랑회 회원들도 꾸준히 관리하시고요. 우리가 마을을 이렇게 깨끗하게 가꿨다 하는 보람을 느끼시는 것 같아요. 그러시면서 치료 측면도 강화되고 있고요.

그럼 주민들이 필요한 것들을 사랑회에 신청하라고
게시판에 공고하시나요?

정종호 저희가 전문가는 아니에요. 그러다 보니까 만들어진 것들이 좀 투박
할 수 있어요. 그런데 저희가 "필요한 것들을 만들어 드리니 신청하세요" 하
고 공고를 해버리면 예쁘게 만들어야 한다는 압박을 느끼게 되잖아요. 완성
도에 대한 부담이 생기면 이분들이 모임에 나오기 어려울 거예요. 서로 모여
서 이런 것들을 만들면서 자기가 닫혔던 문을 열기 시작한 건데 부담감으로
안 나오시면 안 되잖아요. 집 안에만 계시면 더 술에 의존하는 거거든요. 그
래서 부담 드리지 않으려고 홍보 같은 건 안 해요.

재료비나 활동비 같은 비용은
어떻게 마련하시나요?

　　　　　　　　PART 01 서로 의지하고 서로 돕는 아파트

정종호 작년에는 제가 기획해서 SH본사 예산을 조금 받아서 목재를 지원받았고요, 올해는 정신건강복지센터에서 조금 지원받았어요. 오늘 사용할 나무들은 목재소에서 저희가 이런 활동하는 걸 아시고 후원해주신 거예요. 그리고 이번에 서울시마을공동체 지원 사업에 신청해서 지원을 받으려고 준비 중이에요. 외부에서 이렇게 지원받을 수 있게 사회복지사 선생님이랑 저랑 주로 기획안을 짜요.

마을을 한 바퀴 돌고 목공 작업이 진행되는 공터로 돌아왔다.
사랑회가 만든 시설물을 살피고 와서인지 노란 조끼를 입은
회원들이 괜스레 늠름해 보인다. 어쩌면 색안경을 끼고 이들을
바라보고 있었는지도 모른다. 알코올중독자였다는 색안경.
사랑회의 활동은 자신을 치유하는 계기이면서 동시에 그들을
바라보는 삐딱한 시선을 바로잡는 계기이기도 하다.
본격적으로 목공 작업에 들어가기에 앞서 기도문을 외웠다.
종교적 목적이 아니라 스스로 금주 의지를 다지고 마음을
다스리려는 목적으로 함께 외우기 시작했다고 한다. 이 기도문은
'평온을 비는 기도' [1]라는 제목으로 금주 모임이나 마약을
끊으려는 모임 등에서 널리 읽힌다.

하느님, 어쩔 수 없는 것을 받아들이는 평온함을 주시고
어쩔 수 있는 것을 바꾸는 용기를 주시고
그리고, 이를 구별하는 지혜도 주소서

오늘은 의자 발판을 만드는 날이다. 장애인과 어르신들이

의자에 앉을 때 다리가 닿지 않아 불편하니 이를 개선하려는 취지다. 김남훈 정신보건사회복지사는 원형 전기톱으로 목재를 잘라 작업을 준비했다. 회원들은 그 목재를 가져와 톱질을 시작했다. 벌써 땀방울이 송송 맺힌 정종호 과장이 사랑회 회원들을 한 분 한 분 소개했다.

정종호 다들 자기 직책이 있어요. 회장님, 부회장님, 저기 서기님, 활동반장님, 그리고 총무님 이렇게 계시고, 오늘 못 오신 분도 두 분 정도 있고요.

부회장 조현수 저는 지금 다리가 불편해서 목공 작업에는 참여하지 못하고 아이디어만 드려요. 마을을 돌면서 뭐가 필요할지, 어떤 걸 수리하면 좋을지 의견을 드리는 거죠. 아까 동마다 몇 동 몇 동 쓰인 표지판 보셨죠? 그것도 내가 필요하겠다 싶어서 의견을 드린 거예요.

이건 힘든 게 아니고, 술 안 먹으려고 하는 거예요. 이 시간에는 술을 안 먹게 되잖아요. 이렇게 하다 보면 단주가 되고. 우리 회장님은 단주 2년째예요. 일주일에 하루라도 이렇게 봉사활동하니까 뿌듯해요. 봉사활동으로 생각하기보다는 내가 하고 싶어서 하는 일이라고 생각하지. 누가 시켜서 하는 게 아니에요.

회복자 상담가 이재철 저는 매주 수요일마다 여기 옵니다. 마포정신건강복지센터 김남훈 팀장님하고 회복자 상담가 김순덕 선생님하고 한 조거든요. 저는 주민이 아니고 회복자 상담가라고 알코올중독에서 벗어난 경험자로서 여기 주민들이 알코올에서 해방되는 데 도움을 드리려고 활동합니다. 저도 중독자였기 때문에 이분들 마음을 잘 알죠. 알코올로 고생하시는 주민들과 같이 호

흡하면서 어떻게 하면 벗어날 수 있을지 제 경험을 바탕으로 도움을 주고 있습니다.

저희는 술을 안 마시다가 다시 마시는 걸 재발이라고 표현합니다. 재발해서 힘들어하는 분들도 많이 봐왔어요. 이런 활동이 재발을 막는 데 꽤 도움이 돼요. 이분들이 벤치도 고치고 마을에 필요한 일들을 하는 게 자존감 회복에 큰 도움이 됩니다. 성취감을 느끼시니까요. 또 저희가 같이 모여서 대화하면서 어떻게 알코올에서 벗어나고, 어떻게 삶을 이어나가는 것이 보람 있는 일인가 이런 걸 서로 돕고 응원하고 있습니다.

저는 단주한 지 한 5년 됐습니다. 뭐 의지라기보다도 한때는 알코올에 무지해서 좀 많이 먹었는데 그 정체를 알고 나니까 이게 내 인생에 도움이 되지 않는다는 걸 느끼고 안 먹게 됐습니다. 알코올중독이 질병이거든요. 우리가 감

계속해야지요.
동네에서 고맙다 해주고,
혼자 사는 노인네들
뭐 해달라고 그러면
내가 가서 해주고….
사랑회 회장 김병곤

기에 걸렸다고 하여 감기 걸린 사람을 비난하지 않듯이, 알코올중독증이 질병이라는 것을 자신도 인정해야 하고 주변 사람들도 인정해서 적절한 치료를 해주어야 합니다.

회장 김병곤 이렇게 나와서 일 할 때가 제일 뿌듯하고 보람되지. 그래서 일을 많이 다녀요. 오전에 청계천에서 담배꽁초랑 쓰레기 주워. 두 시간 동안. 오늘 아침에는 밥도 못 먹고 갔어. 고되지는 않아요. 돌아다니다가 다리가 아프면 의자에 앉아서 쉬었다가 또 하고…. 내가 손가락 하나가 없어. 6.25 나갔다가…. 여기도 살집이 다 벗겨졌어. 죽지 않은 게 다행이지. … 그럼, 계속해야지요. 이렇게 하니까 동네에서 고맙다고 해주고, 혼자 사는 노인네들 뭐 해달라고 그러면 내가 가서 해주고…. 뭐 어려운 것도 없고 힘든 것도 없어요. 날이 더워서 땀이 나서 그렇지.

부회장 장두식 재밌습니다. 재밌어요. 가끔 아주 가끔 한 잔씩 해요. (웃음) 단번에 못 끊겠더라고요. 몇십 년 먹은 걸…. 여기 선생님들이 자제를 시켜요, 못 먹게. 그래서 선생님 무서워서 못 먹죠. (웃음)
이렇게 모임에서 뭐 만들 때 제일 즐거워요. 집에서 우두커니 있는 것보다 이렇게 옷 입고 활동하고…. 우리가 화분도 만들고, 동 표지판도 만들고 그러니까 주민들도 좋아하고….

총무 이재의 나 담배도 못 끊었는데…. 병원에 갔다 오느라고 늦었네요. 나는 아무것도 몰라요. (웃음) 저는 일 년도 채 안 됐어요. 아주 재미있어요, 여기 나오는 게. 우리가 여기 나오면서 술도 안 먹고…. 내가 간암 수술한 지 한 3년 됐거든요. 간암 수술하고서도 술을 먹고 그랬다고, 내가. 여기 나오면서부터 몸도 좋아졌어요, 운동하고 그러니까. 여기 나오는 게 낙이라니까. (웃음) 술 안 먹지, 운동 열심히 하지, 얼마나 좋아요. 작년 9월부터 여기 나오면서 술을 아주 끊었어요. 술이라면 입에 대지도 않으니까. 그전에야 밤새워 먹고 그랬죠. 술 먹고 벌금이나 물고 그러고 살았으니 사람 쓰레기였죠, 한마디로. 근데 여기 나오면서부터 그런 사고가 한 번도 없으니까. (웃음) 그게 나로서는 '사람이 됐다' 그럴까. 여기 10개월 나오면서 술 안 먹고 사고가 없으니까 그 이상 더 좋은 게 어디 있겠어요? 주민들은 나한테 말도 잘 안 걸었어요. 내가 우선 시커멓잖아요. 인상부터가 좀 나쁘잖아. 근데 술 안 먹으니까 동네 사람들하고 사이도 좋아졌죠. 노인정 가면 "술 안 먹어?" 농담도 하고. 이젠 내가 피하게 되더라고, 술자리를. 먹으면 또 실려 가니까. (웃음)

　　　　　　　　　　PART 01　서로 의지하고 서로 돕는 아파트

"사랑회가 동 표지판을 다 만들었어요.
몇 동인지 아파트 건물마다 쓰여 있기는 한데
너무 높이 쓰여서 어르신들한테는 잘 안 보이거든요.
그래서 저희가 눈높이에 표지판을 세워서
알 수 있게 한 거죠."

성산단지 사랑회

회복자 상담가 김순덕 저는 단주한 지 15년차 돼요. 저도 예전엔 알코올중독으로 병원을 몇 번 들락거렸어요. 그리고 술을 끊어보려고 애를 썼는데 그게 안 되더라고요. 그래서 어쩔 수 없이 2002년도에 까리따스라고 하는 가톨릭 수녀회에서 운영하는 알코올의존자 사회복귀 시설에 들어갔어요. 3개월을 입원해 있었어요. 그러고 퇴원을 하는데 굉장히 두렵더라고요. 내가 나가서도 잘할 수 있을지 걱정된다고 하니까 알코올상담센터가 있는데 한번 가보시면 어떻겠냐고 그래서 찾아가게 됐죠. 거기서 회복해 가면서도 두 번 재발했어요. 그 이후에 자조모임에 늘 참석하고, 일주일에 한 번이라도 이런 활동이나 행사에 참여하면서 쭉 회복해 갔어요. 저희 말로는 끈을 놓지 않는다고 해요.

제가 회복하게 도와주신 선생님이 2014년도에 서울시 정신건강센터에서 회복자 상담가라는 일을 해보면 어떻겠냐고 하셨어요. 한참 고민하다가, 내가 다른 사람들의 도움을 받아서 회복했으니까 나도 누군가의 회복을 위해서 도움이 돼야 한다는 마음이 들었어요. 그래서 교육받고 회복자 상담가 2기로 활동 시작했어요. 하다 보니까 이쪽 일을 계속해보고 싶다는 생각이 들더라고요. 정말 어렵고 힘들지만 잘 몰라서 회복을 못 하는 사람들이 있지 않나 싶어서 제가 늦은 나이에 사회복지를 전공하게 됐고 사회복지사 1급을 따고, 복지 기관에서 회복자 상담가로서 조금 근무도 하고 그랬어요.

여기 사랑회 이분들이 자존심이 세요. 자존감은 바닥인데 자존심만 센 거야. 남한테 내가 어떻게 보이느냐를 중요하게 생각해요. 처음에는 구청이고 어디고 술 취해서 고래고래 소리 지르고 벌거벗고 난리를 치고 그랬던 분들이에요, 여기 계신 분들이. 저희가 '이렇게 하면 회복할 수 있습니다'는 말을 수없이 전달했지만 처음에는 '아 나는 이런 거 필요 없다, 우리 집에 올 일도 없다' 굉장히 많이 거부하셨어요. 문전박대도 당하고…. 그 이후에도 마음의 문을 잘 안 열어요. 좀 열어야 관계도 형성되고 '아 내가 문제가 있구나, 내가 변화해야 되겠구나' 이런 걸 알 수 있을 텐데 그 인식 자체를 하시고 싶어 하지 않았어요. 그래서 이분들이 원하는 독특한 욕구며, 활용할 수 있는 자원이며, 이런 거를 알아봐서 프로그램을 개발해보자 해서 정말 정 과장님이 이분들한테 공을 많이 들이셨어요. 그러면서 조금씩 마음을 열어가셨죠. 이 임대아파트 내에서도, 이분들이 처음에는 손가락질을 받으셨던 분들이었잖아요. 그런데 지금은 노란 조끼 하나 입으시고 '아 우리가 봉사하는 사람들이야'라는 자부심을 가지고 활동을 하고 계시죠.

1 평온을 비는 기도(Serenity Prayer)
신학자인 라인홀트 니버(Karl Paul Reinhold Niebuhr)가 쓴 기도문이다. 본래는 제목이 없었지만 나중에 지금의 제목이 붙여졌다. 미국의 금주협회(Alcoholics Anonymous, 약칭 AA)나 12단계 프로그램 (twelve-step program) 같은 곳에서 채택하고 있다.

사랑회가 만든 시설물을 둘러볼 때 한 아주머니가 유모차를 밀며 정종호 과장에게 다가왔다. 사랑회를 응원하고 돌아가는 이 아주머니는 입양아들이 입양되기 전까지 돌봐주는 봉사를 하시는 분이라고 한다. 인터뷰를 하는 도중엔 또 다른 아주머니를 마주했다. 그분은 뭔가 언짢은 듯 사랑회가 누구를 위한 단체인지 왜 여기서 활동하는지 따져 물었다.

"이 단지에는 여러 유형의 입주민들이 살고 계세요. 경제적으로 열악하고, 신체적으로 약하신 분들도 계시고, 젊은 분들은 또 일을 하고, 한부모 가정도 있고 새터민도 있고…. 그러다 보니 주민 의견이 하나로 모이기 어렵고 또 주민을 대표하려고 선뜻 나서는 분들이 안 계셔요. 그렇지만 경제적으로 어렵다고 해서 다 악한 사람들만 있지는 않아요. 몇몇 정신적으로 좀 힘든 분들이 문제를 일으키면 그게 주목받아서 인식이 안 좋은 거지 좋은 분들도 되게 많거든요. 이분들이 부딪치고 화합해 가는 과정을 보지 않고 성취, 실적만 주목받는 게 좀 걱정돼요. 자살률이 얼마나 줄었는지, 몇 사람이 단주를 했는지, 이런 표면적인 거에 집중하지 않으면 좋겠어요. 아파트 공동체가 앞으로 일 년만 하고 말 게 아니고 오 년만 하고 말 게 아닌데, 이분들이 여기 사는 동안은 계속 끊임없이 협력과 소통과 나눔이 필요한 거잖아요."

정종호 과장의 말이다.

아파트에는 다양한 이야기가 산다. 글만으로는 배울 수 없는 이야기가 산다.

혼자 계신
어르신들
　　　밖으로
한 번이라도
더 나오게
하려고요

홀로된 노인을 찾아가 말벗이
되어주는 사람들

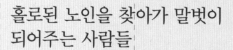
가양9단지 울타리봉사단

interviewee

김옥진 울타리봉사단 단장, **최문신** 울타리봉사단 부단장
신은자 울타리봉사단 총무, **배순희** 울타리봉사단 감사
조덕환 동대표회의 회장, **박익순** 관리소장
장만종 강서구 공동주택 커뮤니티 전문가
그 외 울타리봉사단 회원들과 노인회관 어르신들

달차근한 무가 잘 익은 고등어조림에, 고소한 참기름을 두른 콩나물무침, 상큼한 오이소박이에 통통한 알감자조림까지.

"어서들 와서 잡숴요. 일단 먹고 하자고요."

울타리봉사단을 만나 빈 노트를 채우기 전에 배를 먼저 채우게 됐다. 보험공단에서 노인회관 어르신들을 위해 마련한 건강 체조 교실이 끝나자 따뜻한 점심상이 순식간에 차려졌고, 식사 준비로 바쁜 봉사단원들을 대신해 관리소 소장님이 우리에게 숟가락을 건네셨다.

"우리는 이렇게 항상 밥도 같이 먹어요."

새삼스러운 일이 아닌 듯 파란 옷을 입은 관리소 직원들이 하나둘 들어오셔서 자연스럽게 식사를 하시기 시작했다. 울타리봉사단 단원들은 이렇게 날마다 점심을 차려 노인회관 어르신들을 대접한다. 한 그릇을 뚝딱 비우고 관리사무소 건물 2층에 새로 생긴 북카페에서 그들과 이야기를 나눴다.

항상 이렇게 어르신들을 위해 점심 준비하시려면 쉽지 않을 텐데, 정말 대단하세요. 한 달에 두 번씩 홀로 계신 어르신들 댁에 직접 방문하신다고도 했는데, 어떻게 봉사단을 시작하게 됐는지 궁금해요.

동대표회의 회장 조덕환 여기 단지가 무척 낙후돼 있었어요. 주민들 정서도 그렇고. 굉장히 메말라 있었죠. 일 년에 한두 명씩 자살하고. 이런 것들을 제일 먼저 개선해야겠다 싶어서 동대표회의에서 첫 번째 사업으로 꽃 심기를 했어요. 동네에 꽃이 많으면 주민들이 정서적으로 안정이 되니까요. 한 십 년 전부터 꽃 심어서 가꾸고, 거기에 덧붙여서 다른 사업도 하자는 의견들이 있어서 시작하게 된 게 이 울타리봉사단이에요. 우리 주민들을 위해 동네 청소도 하고, 노인회관 도와주고, 밥도 해주고 그러죠. 작년부터는 홀몸노인 보살핌을 하고 있죠.

울타리봉사단 단장 김옥진 여기가 914가구인데 노인 가구가 한 500세대예요. 노인들이 많죠. 25년 전에 젊을 때 이사 와서 자식들 다 키워서 시집, 장가보내고 다 노인이 됐죠. 그러다 보니까 반 이상이 노인 세대예요. 자식들은 와서 보살피지도 않아요. 노인들이 굉장히 소외감 느껴….

조덕환 재작년쯤엔 노인 한 분이 돌아가셨는데 한동안 발견을 못 한 경우도 있어요. 자식들이 와 보지를 않아서. 아파트에 구더기가 나오는데 원인을 모르니까 소독만 했지, 돌아가셔서 그런 거일 줄 누가 알았겠어요….

김옥진 노인들 돌아가셔도 아무도 모르고, 너무 불쌍하잖아요. 그 일을 계기로 '홀몸노인들을 일주일에 한 번씩 돌아보고 보살피자' 이런 의견을 모아서 우리 울타리봉사단에서 그 일을 하게 됐어요.

울타리봉사단 부단장 최문신 연초에 동대표회의에서 서명을 받을 게 있어서 돌아다니는데 생각보다 홀몸노인 가구가 많더라고요. 노인 돌봄 다니면서 우리가 보람을 느끼고 있어요.

조덕환 노인들이 500명이 산다고 했잖아요. 봉사단에서 전수조사를 했어요. 우리가 돌봐야 할 노인들이 몇 분이고 또 어떤 분들인지 알려고 집마다 다 다녔다니까요. 여기 봉사하시는 분들 칠팔십 퍼센트가 낮에는 일을 하시니까 주로 저녁 일곱 시쯤 모여서 회의도 하고, 봉사도 다니고 그러세요. 다들 시간 내서 봉사하는 거죠.

김옥진 지금 우리 봉사단은 한 이십여 명이 넘어요. 연령도 다양하죠. 저희 몇몇은 노인회관 출신이에요. 봉사하는 데 나이가 뭐 중요한가요. (웃음) 우리도 일 끝내고 주로 저녁 시간에 조를 짜서 어르신들 댁에 방문해요. 둘째 넷째 월요일마다 찾아뵙죠.

그럼 봉사단에서 돌봄 나가시는 가구는 총 몇 가구예요?

최문신 스물한 집이요. 본인들이 안 와도 된다고, 당신들이 활동할 수 있다고 해서 빠진 분들이랑 돌아가신 분들도 계셔서 지금은 스물한 집이에요. 앞으로도 외롭게 홀로 계신 노인들이 있으면 더 돌볼 거예요.

댁에 찾아가서 어르신들 말벗이 되어주시는 거예요?

최문신 말벗도 하고, 안부도 묻고, 건강은 어떠하신지 살피고 그러죠. 집에 혼

울타리봉사단이 차려 내온 점심을 드시는 노인회관 어르신들.
한 할머니는 "이래서 우리는 식구야." 하시며 끼니를 같이하는 이들에게 애정을 표현하셨다.

자 계시지 말고 노인회관 나와서 어르신들 만나시라고 하거든요.

김옥진 밖으로 끌어내리려고요. 노인회관에서 점심도 하시고 그러라고 적극적으로 얘기하고 있죠. 혼자 집에만 계시면 외롭고 쓸쓸하니까.

울타리봉사단 총무 신은자 혼자 계시는 분들이 혹시 고독사로 돌아가실까 봐 말동무가 없어서 외로워하는 사람이 있거나 하면 우리가 찾아가서 말동무도 해주고, 깜깜하게 해놓고 있으면 불도 켜놓으라고 하고 그런 일들 해요. 잠시만이라도 들여다보면 그 사람 분위기를 알잖아요. 외로워하시는지 어떤지.

울타리봉사단 감사 배순희 김장하면 나눠드리고 떡국 떡도 해서 갖다 드리고 그랬어요. 평소에는 그냥 가기 뭐하니까 요구르트라도 가져가죠.

봉사단원들 오시면 정말 좋아하시겠어요.
나를 생각해주는 누군가가 있다는 걸
알게 되시는 거잖아요.

신은자 그럼요. 다들 고맙다고 하시죠. 우리가 인사차 빈손으로 못 가니까 뭐라도 들고 가면 고맙다고 해주시고, 잘 먹겠다 해주시고 그러죠. 한 삼십 분 정도 이야기 나누는 집도 있고, 문 앞에만 나오셔서 너무 미안하다면서 못 들어가게 하시는 분들도 계시고, 색깔이 다 달라요. 우리가 찾아가면 미안해서 불편해하시는 분들도 있어요.

배순희 한번은 봉사협회 같은 데에 우리 활동 알려야 해서 사진을 찍어야 했는데, 너무 죄송하더라고요. 저희도 불편하고요. 봉사한다고 티 내는 것 같고. 우리가 뭐 큰 거 갖다 드리면서 생색내는 것 같잖아요. 저희는 그냥 하고 싶어서 하는 거니까 조용히 했으면 좋겠어요. 이렇게 인터뷰하는 것도 약간 불편해요. (웃음)

노인회관에서 어르신들 점심 준비하시고,
홀몸노인 찾아뵐 때 음식도 준비해 가시는 데 필요한 비용은
어떻게 충당하세요?

김옥진 봉사단 회비도 조금 있고 동대표회의에서 잡수익 들어오는 것들로 조금씩 지원해 주시고 그래요.

신은자 우리가 바자회를 또 해요. 거기서 기금을 또 마련해서 보태고 있어요.

배순희 봉사단에서 무슨 일을 한다고 하면 주민들도 다들 협조를 잘 해줘요.

최문신 울타리봉사단이 만든 물품을 팔아서 그 수익금으로 불우이웃도 도와요. 구청에서 지원해주는 비누 만들기, 화장품 만들기, 발효식품 만들기 같은 일을 해서 직접 판매하고 그 수익금으로 성금을 마련하는 거예요.

후원금이나 회비만으로는 한계가 있어서
지속하지 못하는 공동체들이 꽤 많다고 들었는데,
울타리봉사단의 활동들이 다른 아파트 봉사단이나
공동체들에 좀 본보기로 대안이 될 듯하네요.

강서구 공동주택커뮤니티 전문가 장만종 재능기부자를 찾는 것도 중요해요. 여기는 관리소장님이 직접 서예도 가르쳐. 월요일마다. 이번 해엔 '사랑의 PC'도 다섯 대 지원받아서 아이들한테 컴퓨터도 가르쳐 줬어요. 구청 직원들이 쓰는 컴퓨터가 5년 지나면 폐기하는데, 폐기하지 않고 수리해서 비영리단체나 저소득층 주민들한테 지원해주기도 해요. 그 사랑의 PC를 받아와서 한 거죠.

관리소장 박익순 동사무소에서도 이런 교육 프로그램들을 운영하긴 하는데, 동사무소는 회비도 받고 거기까지 가기도 힘들고 그래서 주민들이 많이 참여를 못 해요. 그래서 우리 봉사단에서 무료로 오카리나 교육 프로그램도 운영하고, 서예반도 하고 그런 거예요. 정서적으로 아주 좋거든요. 앞으로는 영화

상영 프로그램도 넣으려고 해요.

신은자 노인들이 정서적으로 안정돼서 우리 아파트 주민들 삶의 질이 나아지면 좋겠어요.

조덕환 그렇죠. 또 우리 아파트 주민들이 마을 안에서 일자리도 얻으면 좋겠어요. 지금 우리 목표예요. 상시 장터를 만들어서 주민들이 만든 걸 직접 판매할 수 있게 하려고 지금 추진 중이에요. 우리 봉사단에서도 참여하고. 우선 신청한 세 가구만 먼저 해보려고요. 세 집만 일자리를 창출해도 우리 아파트에서 대단한 일을 하는 거 아니겠어요.

아파트 주민들이 공동체를 형성하고,
스스로 자립 기반을 만드는 일은 마을이 지속되는 데
꼭 필요한 일 같아요.
그럼 자기가 팔고 싶은 걸 가지고 와서 파는 거예요?

조덕환 주민들이 필요한 채소나 두부나 도넛이나 이런 것들을 팔 수 있게 하면 어떨까 싶어요. 벼룩시장이나 나눔장터처럼 생활용품 안 쓰는 거 교환하는 것도 좋고요. 아직 계획 단계라 결정은 못 했어요. 한번 해 봐야죠. 성공일지 실패일지 모르겠지만.

장만종 그리고 이 북카페도 일자리 창출 한 분 했잖아요. (북카페 바리스타로 일하는 배순희 씨를 가리키며) 여기 계시잖아요. (웃음) 북카페 얘기도 해드려요.

가양9단지의 사랑방이 된 마을북카페 모습.
봉사단원들과 이야기를 나누는 도중 한 주민이 북카페의 인기 메뉴인 팥빙수를 주문했다.
얼음을 준비하는 카페지기 배순회 씨의 뒷모습이 보인다. 팥빙수는 단돈 삼천 원.

이야기 주제는 자연스럽게 북카페가 탄생한 배경으로 넘어갔다.
이 북카페가 만들어지기까지 과정만으로도 한나절은 얘기할
수 있을 거라며, 이제는 추억이 되었지만 당시에는 참 힘들었던
시간을 꺼내 놓았다.

조덕환 몇 년 전부터 이 북카페를 진작 만들고 싶었어요. 근데 자금이 많이
들어서 못 하고 있었죠. 주민들이 소통할 공간이 꼭 있어야겠다 싶어서 심혈
을 기울였어요. 여기가 옛날에는 독서실이었어요. 옛날 우리 젊었을 때는 애
들이 많아서 독서실을 많이들 이용했는데, 나이를 다 먹어버리니까 이제 애
들이 없어요. 공부하는 애들이. 그래서 10년 가까이 비워놨어요. 근데 북카

페를 만들려면 돈이 몇천만 원 든다니까 하기가 쉽지 않았어요. 그런 고민을 SH공사에도 전달하고, 여기저기 지원 사업이 있는지 알아보던 참에, KBS에서 하는 <이웃사이다>[1]라는 방송에 출연해보면 좋겠다는 의견을 들었어요. 아이고, 그거 생각하면 참… 우여곡절 많았어요. (웃음)

장만종 주민들이 다 나와서 함께해야 하는데, 도시 아파트에서 그게 쉽지 않지요.

조덕환 방송 찍으려면 얼굴이 다 나와야 하는데 주민들이 얼굴 나오는 걸 꺼려서 뭔가 정해놓으면 틀어지고, 틀어지고…. 우리 아파트가 그 방송 첫 회로 나갈 예정이었는데 이게 자꾸 틀어져서 결국 두 번째로 나갔어요. 얼마나 고생했는지 몰라요. 관리소장님이 고생 많았죠.

관리소장님께서 하실 말씀이 많으시겠어요.

박익순 많지요. (웃음) 방송국에서 열 세대를 섭외해달라고 했어요. 어렵게 열 세대를 섭외해서 갈비도 대접했는데, 그다음 날 두 가구 빼고 다 안 하겠다는 거예요. 뭔가 되려고 하면 또 틀어지고 계속 이러는 거예요. 그래서 가정방문을 직접 했죠. 가서 설득하고, 또 설득하고 최종적으로 열 세대가 돼서 2회에 방송 나간 거예요.

조덕환 우리가 두 달 동안 애먹었어. (웃음) 고생했어요.

김옥진 추억이다, 추억. (웃음)

박익순 그거 한 시간 방송 나가려고 얼마나 찍었는지 몰라요. 아침 7시, 8시부터 와가지고 하루 내내 촬영을 하는 거예요. 그러니까 다른 아파트에서는 귀찮으니까 안 하려고 하지. 근데 우리는 해 보겠다고 했고.

조덕환 우리는 북카페 만들려고 그냥 좋다고 했지. (웃음)

그렇게 방송 나가고,
미션 완수해서 어렵게 만들어진 북카페인데,
주민들 반응은 어떤지 궁금해요.

조덕환 이 북카페가 지금 일 년 정도 운영했죠. 지난 동대표회의에서 주민들 대상으로 만족도 조사를 했어요. 소통의 장으로 그 역할을 충분히 한다는 평가를 했죠. 성공적이에요. 그래서 운영을 계속하기로 한 거예요. 작년에 운영할 때 일 년 해보고 평가를 해서 북카페로 계속 쓸지 결정을 하자고 했었거든요. 북카페가 수익이 별로 없어도 운영할 가치는 충분히 있다고 자신해요. 마을 주민들이 소통하는 공간이 필요하거든요. 나중엔 우리 마을 협동조합[2]을 만들 거예요. 그 중심에 이 소통 공간이 있는 거죠.

관리소장님은 이 아파트에서 일하신 지 이제 2년이 다 돼 간다고 하셨다. 임기 2년이 끝나면 다른 아파트로 갈 수도 있고, 이 아파트에 계속 머무를 수도 있다고 하면서 웃으신다. 그 모습을 본 동대표회의 회장님도 봉사단 단장님도 계속 계셔야 한다며 관리소장님께 눈웃음을 보내셨다.
이들이 이렇게 웃기까지 우여곡절이 너무나 많았다며 순탄치

앉던 과거 이야기가 이어졌다. 여기서 10년째 회장을 한다는 동대표회의 회장님은 멱살 잡힌 일까지 꺼내어 주민들을 화합하게 하는 일이 얼마나 어려운지 토로했다. 관리소와 주민대표자협의회, 그리고 봉사단과 같은 주민 공동체, 이렇게 세 주체의 삼박자가 잘 맞아야 봉사단이든 뭐든 지속할 수 있다고 몇 번이나 강조한다.

정서가 메마른 주민들을 위해 장미, 개나리, 사철나무, 옥잠화, 꽃잔디, 국화 등 다양한 식물들을 가꿔 온 관리소장님과 회장님, 봉사단원들은 화단 가꾸기부터 주민들과 함께 해보라고 조언했다. 지저분하고, 아무 데나 물건이 쌓여 있던 단지에 화단이 생기자 주민들은 서로서로 단지 가꾸기에 동참했다. 왕래는커녕 험악한 분위기로 마주하던 주민들은 조금씩 마음을 열기 시작했다고 한다.

북카페 창 너머로 화단 옆을 지나가는 어르신들이 보였다. 꽃 좀 심어서 뭐 크게 달라지겠냐 싶은 의문은 사라질 수밖에 없었다. 어르신들의 웃음이 꽃만큼이나 활짝 피어 있었기 때문이다.

---

1 <이웃사이다>
KBS에서 2016년 4월부터 7월까지 방영된 프로그램으로, 소통이 부족한 서울시 아파트 주민들을 찾아가 이야기를 듣고 주민들이 함께 완수해야 하는 미션을 전달한 후 해당 미션을 성공하면 공동 공간을 만들어주는 프로그램이었다.

2 마을 협동조합
실제로 아파트 주민들이 협동조합을 꾸려 일자리를 창출한 사례가 있다. 2016년 12월 서울 성동구에 탄생한 협동조합 '물레마실'이다. 천에 수를 놓아 옷을 짓는 물레마실 조합원 열여섯 명은 물레마실을 꾸리기 한 해 전 마을공방에서 함께 봉제기술을 배운 아파트 주민들이다. 성동구, 지역학교, 민간단체가 협력해 마을 주민들에게 고급 봉제 기술을 가르쳐 주고 그들이 협동조합을 통해 자립의 꿈을 이루도록 지원한 덕분이다. 아파트가 사는 곳을 넘어 일터가 되길 바라는 울타리봉사단의 꿈이 아득히 먼 것만은 아니다.

PART 01 서로 의지하고 서로 돕는 아파트

할머니는 날마다 유모차를 지팡이 삼아
아파트를 산책한다.
꽃과 나무로 아름답게 꾸며진 보금자리가 맘에 들어
이사 갈 생각이 없다 하신다.
내일도 나와 아파트 식구들과 함께할 거라는
말도 덧붙었다.

노인회관에 모여 계신 할머니들을 만났다. 한쪽에서 고스톱이 한창이었고, 그걸 재미나게 지켜보시는 할머니들께 다가가 말을 건넸다.(늙은이들 이름을 뭣할라고 묻느냐며 웃음으로 넘어가신 할머니들은 이름 대신 할머니1~5로 표기했다.)

Q 할머니, 여기 자주 오세요?
할머니1: 그럼, 날마다 오지.
할머니2: 매일 나와요. 점심도 같이 먹고. 월, 화, 금에는 운동하고.

Q 혹시 울타리봉사단 활동하는 거 많이 보셨어요?
할머니3: 그럼, 이것저것 많이 하니까. 김장하고 그러는 것도 다 도와주고 하잖아요.

Q 울타리 봉사단에서 혼자 사시는 분들 방문 다니시는

거 아셨어요?

할머니3: 그래? 몰랐지. 참 착한 사람들이야.

할머니4: 나는 잘 몰랐어. 난 가족이랑 같이 사니까……. 혼자 사시는 노인들 찾아가고 그러는가 보네.

할머니3: 혼자 있으면 아무래도 많이 외로우니까 젊은 사람들 오면 반갑고 그렇잖아. 좋은 일이네. 자식들도 다 시집 장가 보내놓고, 이런 노인정에도 잘 안 나오는 사람들한테는.

할머니5: 여기 나오면 좋은데. 나는 너무너무 재밌어요. (가장 연세가 많다는 이원덕 할머니를 바라보며) 할머니, 그렇지?

이원덕 할머니: 뭐라고 하는지 잘 안 들려. 내가 귀가 먹어서 바보 같아. (웃음)

올해 아흔아홉인 이원덕 할머니는 환한 웃음으로 대답을 대신했다. 할머니들은 노인정에 나와서 어떤 일들을 하는지, 뭐가 재미나는지, 밥이 얼마나 맛있는지 등을 이야기하셨다. 몇 년 전만 해도 삭막하고 침울했던 단지였다던 동대표회의 회장님의 말이 믿기지 않을 정도로 노인정은 활력이 넘쳤다. 주민들에게 소리 내지 않고 조용히 단지를 돌보는 울타리봉사단의 손길이 느껴지는 듯했다.

우리
아파트에는
이야기가
산다

2 아이들이 어울려

노니는 아파트

아이들과 함께할
프로그램을 기획하며
신난 아빠들
천왕마을 천왕초아버지회

더불어 사는
마을 만들기에
앞장서는
구파발10-2단지 라미

interviewee

정영민 회장, 최재명 총무, 강호성 홍보 담당
김명중 자전거 담당 이동기 캠핑 담당, 조정원 캠핑 담당
정민주, 정민기, 조현서, 조현민, 조현음, 최다솜, 최나리, 최드레
천왕초아버지회 회원들의 자녀들

" 아이들을 위해
1박 2일
아빠캠프를

열어요
"

천왕마을
천왕초아버지회

아이들과 함께할 프로그램을
기획하며 신난 아빠들

한 해 두 번, 천왕초등학교 운동장은 캠핑장으로 변신한다.
아빠와 텐트를 치고, 밥을 짓고, 몸놀이를 함께한 아이들은
해마다 아빠캠핑 날이 돌아오길 기다린다. 아이들에게 아빠와의
추억을 선물하고 싶어 결성된 '천왕초등학교 아버지회(천초아)'
덕분이다. 아이들은 내버려두고 아빠들끼리 놀려고 모이는 게
아닐까 하는 의심은 거두는 게 좋다. 천초아는 2012년에 시작해
한 해도 거르지 않고 아빠캠핑을 열었고, 달마다 다양한 체험
프로그램을 운영하며, 지금은 명실상부 천왕초등학교의 공식
기구로 자리 잡았으니 말이다.
천초아는 천왕초등학교가 있는 구로구 천왕마을 아버지들이
주축으로 모인다. 천왕단지는 장기 거주자가 많은 아파트다.
그래서인지 이곳에 정착해 뿌리 내린 사람들은 다양한 주민
모임을 조직했다. 풍물단, 합창단, 생협모임, 작은도서관 지킴이,
품앗이 등 천왕마을 주민모임만 30여 개가 넘는다. 주민들의
의견을 모으고 소통을 담당하는 마을 촌장이 따로 있을 정도다.
천초아를 만나기로 한 천왕이펜하우스4단지로 들어서니
놀이터에서 노는 아이들 소리가 경쾌하게 들려온다. 천초아
운영진 아버지들의 자녀들이다. 초등 고학년부터 유치원에 다니는
꼬마까지 한데 어울려 노는 모습이 마치 설날에 모인 대가족
같다. 놀이터 옆 천왕마을회관에서 아버지들은 뭔가를 열심히
논의했다.

홍보 담당 강호성 올해 하반기 운영계획을 짜고 있었어요. 8월에는 애들하고
야구관람 같이할 예정이고요, 9월에 자전거 타고 한강에 한번 나가려고요.

저희가 주로 하는 아빠캠핑은 상반기엔 학교가 공사하느라고 청평에서 했고요, 하반기엔 10월에 학교 운동장에서 할 예정입니다. 9월에 천왕마을축제인 '천생연분'이 열리는데 여기 교통지도 자원봉사도 할 계획이고요.

2012년에 초등학교 운동장에서 하는 아빠캠핑으로 시작해 지금은 학교 외에서 하는 캠핑, 라이딩, 템플스테이, 체험 등 다양한 활동을 하신다고 들었어요. 이렇게 프로그램이 확대되기까지 운영진들께서 많이 고생하셨을 것 같은데요, 처음에 어떤 계기로 시작하셨고, 또 이런 프로그램 기획은 어떻게 하시는지 궁금합니다.

총무 최재명 아이들이 주로 엄마하고만 시간을 보내잖아요. 그래서 아빠들이 좀 놀아주자는 취지에서 우리 모임이 시작했고요, 여기 천왕초등학교가 혁신학교여서인지 '아이들과 신 나게 놀자'는 취지에 아버지들이 많이들 공감해 주셔서 계속 이어지고 있습니다.

회장 정영민 저희는 팀별로 담당을 세부적으로 나눴어요. 어떤 분들은 캠핑 담당, 어떤 분들은 라이딩 담당 이런 식으로요. 운영진하고 주기적으로 모여서 계획 짜고 모든 프로그램을 준비하죠. 담당이라고 해서 전문가는 아니고요, 취미로 해 오던 것들이죠. 캠핑 자주 하시는 분들은 캠핑을 담당하는 식으로요.

강호성 학교에서 하는 1박 2일 아빠캠핑 프로그램을 좀 자세히 알려드리자면, 첫째 날 오후에 보통 1시부터 텐트를 설치해요. 설치 끝내면 작은 체육대회를 열어요. 아빠들이랑 자녀들이랑 같이. 그러고 나서 아빠랑 고기도 굽고, 밥도 짓고, 라면도 끓이고 뭐 이것저것 요리해서 저녁 먹고요. 물론 요리는 거의 아빠 몫이고 아이들은 노느라 정신없지만요. 그다음에 학교 강당에 모여서 실내에서 할 수 있는 프로그램을 하죠.

최재명 종이 드론 만들기라든가 비누 만들기 체험이라든가 이런 프로그램이 하나 들어가거든요.

강호성 다음 날 아침에는 여기 천왕산, 저학년도 올라가기 쉬울 정도로 어렵지 않아서, 산에 올라가서 보물찾기하고요. 내려와서, 아버지회와 외부 후원단에서 준비한 선물을 나눠주고 오전 11시 정도에 마칩니다. 이런 식으로 고정적인 프로그램을 저희가 다 기획해 두기 때문에 아버님들이 오셔서 크게 부담 안 가지고 그냥 애들하고 같이 편하게 어울리실 수 있습니다. 계속 회를

거듭하다 보니까 조금씩 노하우가 쌓여서 프로그램들을 조금 다양하게 시도하고 있어요.

자전거 담당 김명중 (강호성 님을 가리키며) 이분은 홍보팀장이자 차기 회장님이 될 분입니다. (웃음)

강호성 아 쐐기를 박네.

김명중 왜냐면 이 분이 캠핑 마니아니까. (웃음) 저는 라이딩 담당이고요, 라이딩은 한강 같은 데 단체로 자전거 타고 다녀오는 활동입니다. 여기서 한강까지 다녀오는 데 한 세 시간 정도 걸렸어요. 아빠들과 같이 가는 거라서 고학년뿐 아니라 저학년까지 다 참여할 수 있죠. 지난번에 스물여덟 가족이 참여했고, 인원수로 보면 육십 명 정도 됩니다. 꽤 많지요? 앞뒤 중간에 아빠들

이 다 끼어서 지도하니까 안전하게 잘 다녀오고 있습니다.

캠핑 담당 이동기 학교 운동장에서 하는 아빠캠핑은 연 2회에 걸쳐서 하는데도 경쟁률이 거의 5대 1, 6대 1이에요. 추첨해서 뽑아야 할 정도죠. 그 때문에 아쉬워하는 아버님들, 아이들이 있었어요. 그래서 생각해낸 게, 가을에 가족 수 제한 없이 원하는 분들 다 모아서 야외 캠핑을 하기로 한 거예요. 학교 캠프에 못 온 분들도 다 같이 갈 수 있죠.

정영민 야외 캠핑의 경우, 요즘 체험 프로그램을 같이 운영하는 캠핑장들도 꽤 많아서 그것과 연계해도 좋습니다. 캠핑하면서 초를 만들거나 아니면 농사 체험을 하거나 이런 것들이요.

최재명 낚시 체험도 했고, 아이들이 좋아하는 게 뭐가 있을까 생각해서 캠핑 외에 다양한 것들을 의논해서 기획합니다. 주는 캠핑이지만 자전거도 타고, 등산도 하고, 앞으로 다양한 프로그램이 나오지 않을까 생각합니다.

계획할 때 아이들도 참여하나요?

강호성 계획 짤 때는 저희 운영진이 모여서 해요. 아이들은 거의 없었죠. 그렇지만 아이들이 좋아할 프로그램 위주로 짜고 있고요, 그때그때 아이들 의견도 물어서 반영합니다.

그래도 주말에 아빠들이 시간 내서 나오도록 하려면,
유인책이라고 할까요,

아빠가 즐거워할 만한 프로그램들도 있어야 참여도가 높지 않나요?

김명중 아빠들이야 당연히 모여서 술 먹는 걸 좋아하죠. (웃음)

이동기 우선 아이들이 좋아해야 아빠들도 좋은 거니까 아이들이 선호하는 걸 우선으로 계획합니다.

강호성 아빠들은 참여에 의미를 두는 거죠. 어쨌든 엄마들은 다 좋아해요. 아빠들이 애들 데리고 나가니까. (웃음)

단 하루라도 아빠가 육아를 전담해 주면
에너지를 충전할 기회가 되니까 엄마들이 참 좋아하실 것 같아요.
아빠캠핑에 엄마들이 참여할 수도 있나요?

최재명 학교에서 하는 캠핑에는 아빠들만 모이고요, 작년 하반기와 이번 상반기 2회에 걸쳐 외부 캠핑에는 엄마들도 함께 갔습니다. 야외 캠핑은 엄마들도 자유롭게 오실 수 있습니다.

엄마들 반응은 어떠한지 궁금해요.

최재명 엄마들이 처음에 왔을 때 음식만들기 경연대회를 했는데, 인기가 폭발적이었어요. 너무 반응이 좋아서 아예 해마다 해야 할 것 같습니다.

강호성 엄마들이 참여하기 전에는, 아빠들끼리 음식이나 제대로 해 먹을지 걱

PART 02 아이들이 어울려 노니는 아파트

정했는데 막상 같이 가서 아빠들이 재미있게 프로그램도 짜고 이것저것 하는 걸 보고는 부러워하기도 하고, 같이 참여하고 싶어 하기도 하더라고요. 아빠들이 엄마들한테 신뢰받을 수 있는 좋은 계기도 됐어요.

아파트 공동체 취재를 다녀 보니 엄마들 모임이 대부분이고요,
심지어 엄마들이 기획부터 준비까지 다 해 놓은 행사에서도
아빠들은 거의 참여를 안 했어요.
다른 아파트에서도 천초아처럼 아빠모임을 활성화하려면
어떻게 접근해야 쉬울까요? 조언을 주시면 좋겠어요.

최재명 롤모델이 될 만한 곳들을 참고하면 좋아요. 저희는 초창기에 노원구 상

원초등학교 아버지회 사례를 공유한 적이 있어요. 굉장히 활성화된 곳이죠.

정영민 사실 아빠들이 이렇게 모인다는 건 정말 쉽지 않잖아요. 다들 데면데면하고 대부분 직장에 다니시거나 자영업 하시거나 하니까 시간 맞춰 모이기도 어렵고요. 그러니까 같이 모일 만한 프로그램 하나를 선정해서 그걸 주축으로 모집해야 해요. 캠핑처럼 아버지들이 부담 없이 공유할 만한 프로그램 위주로 모이다 보면 그게 기폭제가 되어 가지를 쳐서 규모가 늘어요. 그런데 무엇보다도 중요한 건 초반 운영진들이 계속 끌고 나가주셔야 한다는 거예요. 열의를 갖고.

운영진들이 열의를 갖고 계속하려면 어떻게 해야 하나요?

정영민 같은 취미를 공유하면 좋죠. 저희는 캠핑이 모티브가 됐기 때문에 캠핑을 주로 많이 하신 분들이 지금 운영진의 주축이 되었고, 운영진이 열의를 가지니까 이렇게 많이 커졌어요.

최재명 캠핑 외에 자녀들과 아빠가 같이 하고 싶은 프로그램을 찾아서 얼마든지 모일 수 있다고 생각해요.

김명중 근데 학교에서 1박 2일로 뭔가 하려면 학교에서 허락해줘야 해요. 그러니까 교장선생님 마인드도 되게 중요하죠. 저희는 혁신학교여서 그게 좀 더 가능하지 않았나 싶어요. 안전 문제로 안 해주시는 분도 있을 거거든요. 또 인원이 많지 않더라도 일단 시작하면 좋을 것 같아요.

정영민 저희가 캠핑으로 모인 이유는 아이들이 좋아해서이기도 하지만 많은 가족들이 쉽게 참여할 수 있는 활동이라는 이유도 있거든요. 굳이 장비가 없어도 가능해요. 저희는 2회에 걸쳐서 하기 때문에 장비 없는 분들은 1회에 했던 분들이 대여해주고요, 세팅도 운영진들이 도와주기 때문에 처음 하시는 분도 쉽게 참여할 수 있어요. 그런데 일부 마니아층만 즐기는 활동은 그들만의 리그가 될 수 있어요. 그러니까 캠핑처럼 누구나 접근할 수 있는 프로그램으로 모여야 여러 사람들이 다 참여할 수 있지, 주축 마니아들 몇 명만 모이면 핵심 사조직이 돼버리거든요. 공동체가 아니라.

김명중 그리고 마을공동체로 나아가면서 고민해야 할 게 있는데, 저희가 아버지회잖아요. 그런데 아버지가 없는 가정도 있잖아요. 저희도 이 부분이 참 고민입니다. 엄마랑 둘이서만 사는 집도 있고, 조부모랑 사는 집도 있고…. 딱히 해결방법은 없고…. 아빠가 없는 아이가 우리 아이랑 친하면 그 애를 데려와서 함께하는 방법이 있기는 한데, 근본적인 해결책은 아닌 것 같아 고민입니다.

최재명 저희가 처음엔 그 부분을 생각하지 못했어요. 얼마 전부터 그 부분을 고민하기 시작해서 아이들에게 그런 친구가 주변에 있으면 데리고 오라고 얘기했습니다.

정영민 작년에 있던 사례인데, 그 가정은 아버님이 안 계신 게 아니라 어머님이 안 계셨어요. 그 아버님께 같이 가자고 해서 우리 회원으로 가입시켜서 같이 갔어요. 처음이라 장비가 없으니까 우리 장비를 좀 넉넉하게 준비해서 갔는데 그 아이들이 되게 좋아했어요. 저녁에 아이들이랑 얘기를 나눠보니까 약간씩은 그늘이 보여요. 근데 거기서 같이 뛰어놀고 다른 아이들이랑 어울리면서 즐겁게 놀아줘서 뿌듯했습니다. 아직 엄마만 있는 가정 아이들이 참여한 사례는 없었고요.

말씀하신 것처럼 천초아가 사조직이 아니라 마을공동체로서
기능하기 때문에 이런 문제들도 고민하게 되신 것 같은데요,
구체적으로 천초아가 마을공동체로서 역할을 한다고
느낀 사례가 있다면 말씀해 주세요.

정영민 천왕마을에는 마을을 위한 모임들이 많아요. 청소 도우미 모임도 있고, 교통지도 봉사 모임도 있고요. 그런데 아버지들이 개인적으로는 그런 모임에 많이 접근하지 못했어요. 별로 관심을 두지 않았는데, 아버지회로 모이

면서 우리 아이들과의 활동에만 한정하지 않고 학교 행사라든지 지역 행사라든지 마을을 위한 일들에 우리가 도울 수 있는 부분이 있나 찾아보게 되고, 접근하게 되고, 소식도 더 듣게 되고 그러더라고요. 그래서 학교 행사 있을 때 지원해달라는 요청이 있으면 저희 밴드에 공지해서 자발적으로 지원해 드리게 됐어요.

김명중 그리고 천초아가 올해 학교의 공식 기구가 됐어요. 연초 학부모 간담회에서 천초아를 소개해서 회원들을 모집하기도 하고, 공식 기구로서 천왕초 교실 증축을 촉구하는 현수막도 걸었습니다.

최재명 아빠들이 이렇게 캠핑을 해서 아이들과 어울리다 보면 쟤가 누구네 집 자녀라는 걸 알잖아요. 단지에서 마주치는 아이들을 그냥 지나치지 않고 인사하게 되고, 또 아빠들의 눈이 CCTV가 되는 거예요. 동네 누구네 집 자녀가 뭐 하고 있다는 게 서로 연락이 돼서 아이들이 나쁜 길로 안 갈 수 있게끔 하는 역할도 하는 거죠. 또 아까 말씀드린 것처럼 저희가 학교 기구에 소속되어서 학교를 위한 일을 돕기도 하고 도움을 받기도 하면서 상부상조하죠. 이런 것들이 사모임과는 좀 다른 마을공동체의 성격을 갖지 않나 싶어요.

김명중 아빠들의 눈이 CCTV가 된다는 말이 상원초 아버지회 운영진 중 한 분이 한 얘기인데, 아이들의 눈도 CCTV가 돼요. 누구네 아빠인지 알 거 아니에요, 그럼 담배라도 숨어서 피운다는 거지요. 옛날에 한 동네에서 어르신이 계시면 애들이 나쁜 짓을 못 하는 그런 예방 기능이 있다고 하더라고요. 그게 아빠한테도 통해요.

이동기 저 같은 경우, 여기 아버지회 하고 나서 좋은 게, 저도 여기 오래 산 건 아니지만 다른 아파트 살 때는 옆집에 누구 사는지도 몰랐거든요. 엘리베이터 타든 동네에서 왔다갔다하든 서로 모르는데, 주말에 여기 왔다갔다하면 아버지들 한 번씩은 다 만나요. 반갑게 인사하고 우리 근황 얘기하고 애들 얘기하고 이렇게 할 수 있는 게 여기 도심, 서울에서 참 힘든 일이잖아요. 저도 애가 커가면서 3년째 천초아에 참여하고 있는데요, 3년째 하면서 점점 아는 분들이 늘어나니까 동네와도 되게 편해진 것 같아요. 동네 주민들끼리 서로 아는 척 안 하고 사는 것보다 서로 알고, 서로 궁금해하고, 안부도 묻고, 그런 것들이 함께 살아간다는 느낌을 줘서 마음이 편해요. 결국에는 좀 더 확장되면 아버지회에서 우리 동네로, 또 동네에서 나라 전체가 한 마을이 되지 않을까 하는, 정말 그러면 좋겠는데… (웃음) 저는 이런 모임들이 결국에는 우리 동네를, 서울시를, 나아가서 나라를 더 좋게 할 수 있는 그런 뿌리가 될 수 있지 않을까 생각하고 있습니다.

김명중 마을 일에 관심이 높아졌다는 것도 있어요. 자연스럽게 모이다 보면 마을 얘기를 하게 되죠. 참여할 일이 많아지고 그러면서 마을에 대한 관심이 높아지고 뭐 그런 변화죠.

참여할 일이 많아지고, 주말에 쉬실 때 나오셔야 하는데,
귀찮거나 힘들지 않으세요?

캠핑 담당 조정원 저도 애들이 넷이라 어제도 캠핑을 다녀왔지만 주말에는 거의 애들과 시간을 보내려고 해요. 아이들도 집에만 있는 것보다 밖으로 나가서 자연에서 노는 걸 좋아해요. 나가서 고생하더라도 일단은 아이들 데리고 여기저기 갔다 오는 편입니다. 아빠캠핑을 하면서 아이들과 사이가 더 좋아졌죠. 일단 저는 애들 친구에 대해 관심이 별로 없었는데 학교캠핑하면서 애들 친구들도 자연스럽게 알게 되니까 아이들과 이야깃거리도 늘고 거리감도 줄었어요. 애들이랑 나가서 먹고 즐기는 게 갔다 와서도 남는 게 훨씬 많아요.

김명중 이분도 회장의 자질이 있지요? (웃음)

최재명 아이들하고 함께할 수 있는 시간은 한계가 있잖아요. 아이들이 사춘기가 되고, 5~6학년만 되어도 아빠랑 뭐 안 하거든요. 지금 아빠랑 잘 놀 때 많이 놀아주는 게 좋아요.

김명중 몸은 불편하고 힘들어도 맘은 편하죠.

정영민 뭐 정리하면 그래요. 내 가족만 생각하며 살아왔는데, 여기 와서 이런 모임을 함께하다 보니까… 천왕역에서 내려서 단지 안으로 들어오는 순간부터 우리들의 가족이 혈연 개념이 아니라 우리 마을 주민들로 바뀌는 거예요. 창밖을 봐도 예전에는 눈에 들어오지 않았는데, 이제는 꼭 저거 누구 앤데, 쟤 벌써 퇴근했구나 이런 식으로 친근감이 더 생기죠.

PART 02 아이들이 어울려 노니는 아파트

다른 아파트 공동체들에서 발견한 공통점을 천초아에서도 찾았다. 바로 마을과의 연결 고리다. 이들은 처음에는 개인적인 목적으로 모임을 시작했지만 나중에는 자연스럽게 마을 주민들과 교류하는 방식으로 활동 범위를 확대했다. 천초아 회원들의 말처럼 그들만의 리그가 되지 않기 위한 노력이었다. 기껏 공동체를 만들고서는 '우리 회원 아니면 출입 금지' 식의 울타리를 치면, 그 조직을 공동체라고 부를 수 있을까? 베란다 창으로 놀이터를 내려다볼 때 내 자식만 눈에 넣지 않고 함께 노는 아이들과 지나가는 주민들까지 두루 보는 이들이 천초아를 이끄니 참 다행이다. 아빠캠핑에 함께하지 못하는 아이들의 상대적 박탈감까지 곰살궂게 챙길 테니 말이다.

마지막으로 앞으로 계획이나 바라는 점 있다면 말씀해 주세요.

정영민 천초아 자녀들이 졸업하면 중학교에 가잖아요. 그 아버지들과도 연락을 끊지 않고 아이들 없이도 만나는데, 그분들이 천왕중학교 아버지회를 올해 결성했어요. 우리 천초아 회장 하셨던 분이 지금 천왕중학교 아버지회 회장을 하시니까 계속 연결되고 있습니다. 이제 막 시작한 모임이죠. 저희처럼 점차 확대되어 다양한 활동을 하리라고 기대합니다. 얼마 전에 아빠하고 야구보기 시간을 가졌다고 들었어요. 나중에 저희랑 연합해서 활동하려고도 생각하고 있습니다. 이렇게 공동체가 멈추지 않고 계속 확대되고, 발전하고, 더 많은 이들과 어우러지면 좋겠다는 바람입니다.

     천초아 아빠들이 하반기 계획을 짜는 데 열중하는 동안 자녀들과 대화를 나눴다. 아빠와 많이 논 아이는 책임감, 자신감, 사회성이 발달한다는, 이른바 '아빠효과'라는 게 있다는 데 사실일까 궁금했다. 무엇보다 천초아 활동으로 아이들에게 찾아온 변화가 있을지 아이들에게 직접 묻고 싶었다. 최재명 총무의 5남매 중 초등학교에 다니는 다솜, 드레, 나리, 그리고 정영민 회장의 자녀 4남매 중 초등학생 자녀 민기, 민주, 민재, 또 캠핑 담당 조정원 님의 4남매 중 초등학교에 다니는 현서와 현민이 그리고 다섯 살 현음이를 만났다.

정민주(11) 원래 캠핑을 잘 안 다니다가 이렇게 친한 친구들도 만나서 같이 가니까 좋아요. 엄마랑 캠핑했으면… 조금 어색했을 것 같아요. 엄마랑 캠핑에서 요리를 같이 해보면 좀 어색하지 않고 친해질 것 같아요. 기억에 남는 거요? 학교에서 캠핑했을 때 귀신놀이를 했는데 좀 울었던 적 있어요. 깜깜한데 학교 들어가니까 막 이상한 소리가 들려서…. 캠핑 같이 간 친구들은 학년 바뀌고 그래도 놀이터에서 만나서 놀아요. 아빠가 이 캠프의 회장이어서 제가 잘 모르는 사람들하고도 같이 다녀가지고 좀 서먹한 부분도 있었는데 요새는 익숙해졌어요.

조현서(12) 아빠랑 다른 사람들이랑 같이 캠핑 가보니까 기분도 상쾌하고 좋았고, 아빠랑 놀이들도 많이 했고, 제 또래 친구들도 있어서 같이 어울려 다니면서 노니까 집에서 놀 때보다 더 좋았던 것 같아요.

최다솜(12) 여럿이 캠핑 가니까 좀 더 친구들하고 잘 어울릴 수 있고, 아빠하고 같이 있는 시간이 더 많아져서 좋아요. 이 모임 전에도 아빠랑 많은 시간을 보내기는 했는데 캠핑하면서 아빠랑 더 친해진 것 같아요. 캠핑 가면 아빠들이 만들어준 거 먹죠. 카레도 먹고, 라면도 먹고….

최나리(9) 저는 아빠가 해준 물만두가 맛있었어요.

최드레(11) 저는 캠핑 가서 축구했을 때가 좋았어요. 사람들이 많아서 공을 네 개로 축구했거든요. 골을 많이 넣을 수 있어서 재밌었어요. 아빠랑은… 같이 뭐 만들고 그러면서 친해진 것 같아요. 종이 드론, 그거 날린 게 제일 기억에 남아요.

조현민(9) 엄마도 같이 갔을 때가 제일 재밌었어요. 같이 수영했거든요. 그래도 엄마랑 같이 안 가면 엄마 몰래 게임할 수 있어서 좋죠. 엄마 있으면 게임에 정신 팔렸다고 말할 거 같아요. 아빠는 물놀이해도 된다고 하고 게임해도 된다고 하는데 엄마는 하지 말라고 그래요. (옆에 있던 한 아이가 "너희 엄마는 나쁜 엄마구나" 하고 말하자) 아니야, 엄마가 게임만 하면 바보 된대요. 엄마는 걱정을 많이 하니까…. 캠핑 가면 아빠는 제가 노는 게 아빠를 도와주는 거래요. 방아깨비 있어서 동생 현음이랑 그거 잡고 놀았어요. 아이들이 아빠랑 시간을 많이 보내면요?… 행복하죠! 저 일곱 살 때인가 1학년 때인가 자전거 빌려서 아빠랑 엄청 연습했는데 계속 넘어져도 많이 좋았어요. 그게 아빠랑 뭔가 친해졌다고… 말할 수 있어요.

조현음(5) 나는 방아깨비 안 무서워요. 나 혼자 잡을 수 있어요. 나 캠핑장에서 친구들이랑 많이 놀았는데! 캠핑장에서 친구들이랑 반지 만들었어요.

정민기(13) 저는 캠핑 때 절에 가서 108배 했던 게 제일 기억에 남아요. 하나도 안 힘들었어요. 재밌었어요.

interviewee

유은경 라미 대표 1
송미숙 라미 대표 2, 입주자대표회의 부회장
김양희, 박상희, 이정윤, 김시완, 박정인, 정유림, 주경환 알뜰장터에서 만난 사람들
김새롬, 정지영 두드림도서관에서 만난 아이들

화합할 줄 아는
아이들로

키우려고
모였죠

더불어 사는 마을 만들기에
앞장서는 육아공동체

구파발10-2단지
라미

"이렇게 박수를 쳐 볼까요?"

아파트 작은도서관 간판을 보고 들어갔는데 한쪽 공간에서 어르신들을 위한 건강체조 수업이 한창이다. 은평10-2단지 두드림작은도서관은 두 공간으로 나뉘어 있다. 한쪽은 말 그대로 도서관으로 책을 보는 조용한 공간이고, 다른 한쪽은 널찍한 커뮤니티 공간이다. 건강체조 수업이 끝나 커뮤니티 공간에 들어가니 생각보다 더 넓었다. 냉장고와 싱크대가 자리한 부엌도 갖췄다. '라미'의 두 대표가 안으로 들어오니 어르신들이 반갑게 맞는다. 같이 먹자며 빵을 나눠주시기까지 한다.

어르신들하고
꽤 친하신 것 같아요.

라미 대표1 유은경 그렇죠. 저희 공동육아 시작할 당시부터 어르신들하고 아이들하고 어울릴 수 있는 자리를 마련해 왔어요. 어르신들 강좌도 다 저희가 알아봐서 잡았고요. 여기저기 알아보다가 은평구평생학습관에 가서 우리 아파트에 노인회가 있는데 돈은 없고 노인들을 위한 프로그램이 필요하니 도와 달라고 했어요. 이분(송미숙)이 초창기에 입주자대표회의 회장이었고, 어르신들 프로그램을 체계적으로 짜셨죠.

라미 대표2 송미숙 평생학습관 지원 덕분에 웃음치료부터 시작했어요. 오늘은 국민건강보험공단에서 해 주는 건강체조 수업이 있었어요.

육아공동체는 일반적으로 아이 돌봄 품앗이로

아이를 같이 돌보는 활동만 하는 줄 알았는데,
라미는 마을 잔치와 마을 장터도 개최하셨고,
이렇게 어르신들을 위한 활동도 도맡아 하시네요.
'라미'가 모이는 목적이 다른 육아모임들과는 다른 것 같은데,
어떻게 생각하세요?

유은경 저희는 처음부터 육아만을 목적으로 시작한 건 아니었어요. 아이들도 동네에서 여러 사람들과 어울려 자라야 한다는 생각으로 모였어요. 저희가 공동육아 단체로 서울시마을공동체 사업 보조금을 받거든요. 우리가 이렇게 세금 지원받아서 내 아이들 잘 먹이고 잘 놀리는 것만 하면 안 된다고 생각했어요. 마을에는 우리 아이들만 있는 게 아니고, 노인회도 있고, 엄마들의 다양한 활동들도 있고요. 유아들만 있는 게 아니고 초등, 청소년 아이들까지 다양한 연령대의 아이들이 어울려야 한다고 생각했어요. 형태는 아파트이지만, 어쨌든 마을이고, 마을은 함께 사는 거잖아요.

어떤 계기로 '라미'를 시작해야겠다고
마음먹으셨어요?

유은경 이 단지는 아이들이 많은 다둥이 동네예요. 다둥이 가구가 우선순위로 입주할 수 있는 아파트이다 보니까 보통 아이가 둘, 서넛, 많게는 다섯인 집도 있어요. 그러다 보니 엄마들이 육아에 다소 지친 편이었죠. 혼자서 감당하기에 버거운 것들이 함께하면 좀 가벼워지지 않을까 하는 생각을 했어요. 저 역시 결혼과 출산이 늦어서 육아가 큰 부담이었는데, 아파트라는 공간은 굉장히 삭막하고 단절된 곳이어서 알아서 각자도생이니까 더 힘들었죠. 이래서는 안 되겠다 싶어서 구상하게 됐어요. 같이 놀고, 같이 밥 먹고, 동네잔치도 열고, 소풍도 하는 모임으로요.

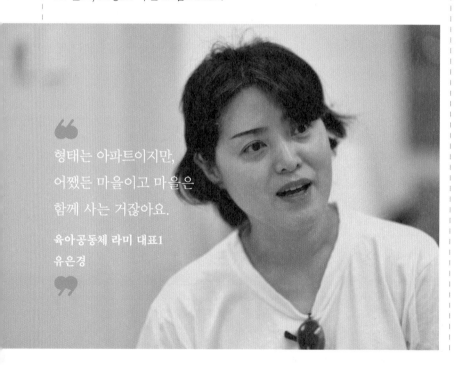

형태는 아파트이지만,
어쨌든 마을이고 마을은
함께 사는 거잖아요.

육아공동체 라미 대표1
유은경

일주일에 얼마나 모이세요?

프로그램은 어떻게 짜시고, 운영은 어떻게 하시는지 궁금해요.

송미숙 처음 시작했을 때는 일주일에 정기적으로 두 번씩 모여서 학습과 관련 없는 놀이를 하려고 했어요. 멤버들 중에 예체능 전공자들이 있어서 연간 프로그램을 짰어요. 미술 전공자는 흙 놀이, 연극 전공자는 몸 놀이, 음악 전공자는 악기 놀이 이런 것들이죠. 나중에는 잡무들이 많아져서 체제를 정비해야 할 필요성이 있었어요. 그래서 정기적인 아이들 놀이 모임은 일주일에 한 번으로 줄이기도 하며 여러 가지를 시도해 보았고요, 요즘은 일주일에 두 번씩 모입니다.

4시에서 6시 사이에 모이면 직장 다니는 맞벌이 가구는

어떻게 참여하나요?

유은경 저희가 참여 가구를 세 모둠으로 나눴어요. 모둠이 돌아가면서 한 주씩 맡기로 했어요. 예를 들어 이번 주는 1모둠이 담당이면, 1모둠 부모가 그 주의 프로그램을 준비하거나 아이들 관리하고, 나머지 모둠은 아이들만 참여해요. 준비라고 해 봤자 간식 준비 정도고, 안전관리만 잘하면 아이들이 자

기들끼리 잘 어울려 놀아요. 모둠 인원이 다 활동해야 하는 게 원칙이지만 직장 때문에 시간 낼 수가 없는 분들은 다른 방법으로 보상해요. 다른 조원들에게 폐를 끼치면 안 되는 거잖아요. 맛있는 걸 산다든지, 아니면 모둠을 바꿔서 가능한 주에 참여한다든지, 뭐 그런 식으로요. 주말엔 숲놀이, 번개모임 등이 있고 함께 식사하기도 합니다.

송미숙 달마다 전체가 외부로 나가는 프로그램은 하나씩 정해놨어요. 바깥 활동을 하든지, 아니면 장터를 열든지, 공연을 보러 가든지, 숲을 가든지 해요.

유은경 지금은 딱히 프로그램을 만들지 않아도 아이들이 알아서 잘 놀아요. 함께하는 시간이 많아지니까 언니 오빠 형 누나 들이 동생들을 보살필 줄 알게 됐고, 동생들은 큰 아이들을 따르게 됐어요. 가급적이면 아이들이 스스로 놀 환경을 만들어주고 어른들은 안전 관리에만 신경 쓰기로 했어요.

송미숙 처음에는 난리도 아니었죠. 질서도 없고, 위아래도 없었는데 같이 하는 과정에서 우리가 생각지도 못한 서열 정리가 되는 거예요. 정말 생각지도 못한 효과였어요.

유은경 활동이 저녁 시간까지 이어질 때는 입맛 까칠한 애들이 먹거리에서 조금 편안해지는 것도 우리가 예측하지 못한 효과 중에 하나였죠.

영유아들만 모였다면
그런 효과가 나오기 어려웠겠네요.

유은경 네, 그런데 원래 서울시마을공동체 육아공동체 지원 사업 대상자는 영유아로 한정돼 있었어요. 저희는 다둥이 마을이라 영유아뿐 아니라 형제자매들이 엄청 많은데 영유아만 데리고 참여해야 한다니 말이 안 되죠. 저희도 그렇고, 다른 단체에서도 서울시에 이에 대한 문제를 제기해 왔었어요. 영유아만 육아냐고. 그래서 올해 서울시에서 초등학생들까지 포함하는 걸로 대상자를 넓혔고요, 명단을 제출할 때 초등학생들까지 써서 냈어요.

송미숙 그래도 영유아가 반드시 50퍼센트 이상 되게 제한이 있어요. 어쨌든 초등학생들까지 포함되어서 다행이기는 해요.

구파발10-2단지 라미

유은경 여기서 짚고 넘어가야 할 게, 아파트에서 청소년들이 놀 곳이 없다는 거예요. 중고등학생 아이들이 놀이터에서 놀 수도 없고, 학교 학원 집만 왔다 갔다 해야 하죠. 아이들이 스트레스를 해소할 곳이 없잖아요. 청소년 범죄를 아이들 탓, 학교 탓만 할 게 아니에요.

송미숙 그래서 라미는 청소년들 대상으로 미디어활동을 해 왔어요. 평일은 아이들이 학원 다니느라 바쁘니까 주말에만 모여요. 초등학생은 토요일에, 중고등학생은 일요일에 모여서 스마트폰으로 편집하는 걸 배워요. 혼자 스마트폰으로 게임하던 아이들이 편집을 하려면 뭔가를 찍어야 하고, 인터뷰도 해야 하고, 아이디어도 공유해야 하잖아요. 그렇게 소통하는 거예요. 아파트 전체에 공고하는데, 아이들이 하고 싶어도 공부해야 한다고 못 하게 하는 부모들이 있어요.

유은경 2015년도에 시작해서 유튜브에도 올리고, 마을미디어랑 마을광고에

도 출연했고요. 어차피 아이들이 중고등학교를 가면 손으로 노는 장난감은 스마트폰 내지는 컴퓨터잖아요. 그래서 미디어를 매개로 아이들이 참여할 방법을 찾다가 이렇게 시작했고요, 이게 확대되면 좋겠어요.

말씀 듣고 보니 아파트 단지 안에는 청소년들이 모일 공간이 딱히 없네요.
그나마 작은도서관이라도 있는 단지는 좀 나은 편이네요.
아까 작은도서관에 와서 책 읽는 아이들하고 얘기해보니까
학교 끝나고 주로 여기서 책 읽는다고 하더라고요.
친구들이랑 같이 와서 숙제도 하고요. 작은도서관과
커뮤니티 공간이 없었다면 아이들이 방과후에 모일 공간도 없을 거고,
이런 육아공동체가 활성화되기도 쉽지 않았을 거라는 생각이 들어요.

유은경 그래서 이런 커뮤니티 공간이 주민들에게 자유롭게 개방되면 아이들이 학교 끝나고 지들끼리 독서모임도 할 수 있고, 하다못해 음료수 한 잔씩 하고 가면서 다른 학교에 간 친구들끼리도 잠깐 만났다가 헤어질 수도 있잖아요. 저는 이것도 아이들에게 굉장히 중요한 활동이라고 생각하거든요.

이 도서관과 커뮤니티 공간은 입주 때부터 있었나요?

유은경 우리 단지는 2010년에 입주 시작했어요. 도서관 있다고 해서 와 봤는데 여기는 습기 찬 게스트하우스였고, 저쪽은 콘크리트 바닥 도서관이었어요. 지금처럼 이런 마루가 아니었어요. 그래서 관리소를 통해서 SH에 계속 수리를 요청했어요. 여기 애들이 얼마나 많은데요. 공간만 있고 이렇게 황폐하게 방치하는 건 모두에게 안 좋잖아요.

송미숙 이렇게 바뀌기 전에는 아이들이 자기 단지 도서관 놔두고 다른 단지 도서관에 가더라고요. 그러면 거기는 자기들 관리비로 운영된다면서 외부인들이 들어오는 걸 좀 불편해하더라고요. 대출도 안 되고요. 그러던 차에 동대표단 간담회가 있어서 동대표단이 SH에 요청했어요. 우리도 도서관을 고쳐달라고요. 그게 여기 엄마들이 공통의 목소리를 낸 첫 계기였어요.

유은경 2014년에 도서관 고쳐달라고 모이기 시작했고, 2015년에 공동육아 활성화 사업 지원금을 받으면서 몇몇 엄마들이 더 모였어요. 그 과정에서, 화합하는 속에서 아이들이 자라는 게 제일 좋다고 의견을 모았죠. 시골 마을이 가장 이상적이잖아요. 우리 모임이 네 아이 내 아이만 챙기면 여기에 속하지 않은 다른 아이는 어떻게 되겠어요? 소외되는 주민이 없게, 우리 아이들을 주축으로 모이되 동네가 화합하는 방향으로 활동하기로 한 거예요. 그래서 벼룩장터도 열고, 그래서 마을 잔치도 한 거고, 노인회에도 찾아간 거였죠.

송미숙 저희도 처음엔 어르신들에게 다가가는 게 쉽지 않았는데 어르신들에게 한번 노크를 하니까 어르신들이 아이들과 어울리는 부분을 너무나 긍정적으로 봐 주시더라고요. 예전 같으면 회원분들한테만 돌리셨을 떡들을 아이들에게도 다 돌리시고, 산타 잔치 할 때 노인정 앞에서 아이들이 노래를 불렀더니 사탕을 다 나눠주시고…. 어르신들이 '내가 소외된 곳이 아니라 더불어 살 수 있는 공간'이라고 생각해 주시는 것 같아요.

유은경 여기가 맞벌이 가구가 많다 보니까 조부모가 양육하는 아이들도 많아요. 젊은 엄마들과 할머니들의 갈등도 만만치 않죠. 그래서 사이가 그다지 좋지 않았는데, 노인회 문을 열기까지 시간이 꽤 걸렸지만 지금은 다른 단지보다 세대 간 갈등도 훨씬 줄었어요.

**그런데 제가 미리 와서 여기 도서관을 둘러봤는데
공간 개방 시간을 단축한다고 방[1]을 붙이셨더라고요.**

유은경 초창기부터 작년까지는 도서관 봉사자가 전부 저희 라미였는데, 라미 회원들만으로는 운영이 어려웠어요. 그러다가 라미가 아닌 입주자 분들이 와 주셔서 봉사자도 더 꾸려졌고, 라미도 함께하게 됐어요. 그러다가 올해 이들이 다 자기들끼리 독립했어요. 거기까지는 좋은 거죠.

그런데 이 공간 사용 범위나 개방 시간 등을 두고 이견이 있어요. 저희 주장은 이 커뮤니티 공간이 주민을 위해서 어렵사리 만들어졌으니 주민 모두에게 개방해야한다는 거예요. 그런데 올해 독립한 도서관 봉사자 측에서 '시끄러운 활동이나 요리는 할 수 없다, 6시까지만 운영한다, 커뮤니티 공간을 사용하려면 자기들에게 신청하라'고 해요. 주민 입장에서는 여기 운영비가 모두 관리비에서 지출되니까 관리실에 신청해야지 왜 도서관에 신청하느냐는 얘기가 나오죠. 입주자대표회의 측에서도 작은도서관 운영권은 입주자대표회의에 있고, 관리실은 관리를 대행하는데 왜 봉사자들한테 신청해야 하느냐고 문제를 제기했어요. 그러다 보니 결국 입주자대표회의와 저들 간의 분쟁으로 번진 거죠. 결국 그들은 도서관 봉사를 하지 않겠다면서 운영 시간을 축소한다고 방을 붙인 거예요.

송미숙 도서관 봉사자들 봉사 시간이 6시까지거든요. 그 시간 이후 관리를 누가 하느냐를 두고도 견해 차이가 있어요. 이런 부분들을 더 논의하고 같이 조절해야 할 것 같아요.

두드림도서관'에 들어가면 문 하나를 두고 서가가 놓인 도서관(위)과 문화강좌가 열리는
커뮤니티실(아래)이 나뉜다. 두드림도서관 문을 6시에 닫으면 커뮤니티실을 사용할 수 없어
방과후 돌봄은 불가능하다.

유은경 현재 시스템으로는 아이들 생일잔치, 청소년들 미디어모임, 방과후 돌봄, 장터와 잔치 준비 이런 것들을 전혀 할 수 없어요. 봉사자들도 너무 수고가 많죠. 저희도 알죠. 보수도 안 받고 그렇게 봉사해 주신다는 게 쉬운 일이 아니죠. 그렇지만 주민을 위한 공간을 봉사자 측에서 제한하는 건 동의할 수 없어요.

송미숙 우리 단지에 이렇게 널찍한 커뮤니티 공간이 있는 건 정말 좋은 장점이에요. 이렇게 넓은 공유 공간을 갖춘 단지가 많지 않거든요. 문제는 분리가 안 돼 있다는 거죠. 도서관과 연결돼 있다 보니까 이렇게 사용 문제를 두고 갈등이 생기는 거예요. 이런 문제는 우리 단지에서만 일어날 일이 아녜요. 지금 조용히 봉합한다고 후에 안 터지리라는 보장도 없고요.

유은경 다 주민들이랑 화합하자고 하는 건데…. 여기가 20년을 같이 사는 동네거든요. 이렇게 서로 불편해지면 이거보다 더한 지옥이 없어요.

너무 안타까워요.
얼른 공간 문제가 해결되어서 라미가 애초 목표했던,
마을 화합을 위한 행동들이 중단되지 않으면 좋겠어요….
오늘 알뜰장터 여는 날이라고 하셔서 이따가 장터에 가 보려는데요,
그 전에 마지막으로 이제 막 시작하려는
아파트 공동체들에 조언이나
당부해 주실 만한 게 있다면 해 주세요.

유은경 조금 지원금 받아서 우리 단체에 금전적인 혜택을 보자 하는 마음으

로 접근하면 절대로 안 된다고 봐요. 그런 접근 자체가 선한 의지가 아니지 않나…. 특히 공동육아는 품을 파는 거잖아요. 내가 받고 나도 팔아야 하는 거잖아요. 같이 해야 하는 거거든요. 저는 회원 모집할 때부터 얘기합니다. 내 아이만 잘 놀리려고 들어오시는 거라면, 그리고 아이만 들여보내고 부모 활동에 참여 안 하시려면 다시 생각해 보시라고요. 그럼 그냥 가시는 분도 있어요. 그런 분들은 들어왔다가도 알아서 나가요. 못 어울리니까요. 공동체를 만들어 놓고 울타리를 치면 안 돼요. 그러면 오래가기 어려워요.

조금 무거운 마음으로 작은도서관에서 나와 마을 장터가 열리는 곳으로 이동했다. 단지 안쪽으로 쏙 들어가니 널찍한 마당 같은 터가 보였다. 지나가는 이들의 눈에 잘 보이는 곳에 알뜰장터 현수막이 걸려 있다. 몇몇 분들은 벌써 자리를 깔고 준비를 마친 상태였다. 평일 오후 4시여서인지 사람이 많지는 않았지만 오가는 주민들은 그냥 지나치지 않고 한번 쓱 둘러보고 가격도 묻는다. 참여자들의 이야기를 들어보려고 바쁜 이들의 곁에 다가갔다.

PART 02 아이들이 어울려 노니는 아파트

딸과 함께 알뜰 장터에 참여한, 김양희 라미에 참여하는 데 특별히 요구되는 조건은 없었어요. 그냥 아이랑 같이 즐겁게 노는 게 전부예요. 부담 없이 참여할 수 있어서 참 좋아요. 아무리 좋은 공동체여도 부담을 느끼면 지속하기가 어렵잖아요.

아무래도 엄마들이랑 같이 이야기하면서 소통하고, 아이들은 아이들끼리 어울릴 수 있어서 좋죠. 저희 아이는 6살 외동인데 친구들하고 노는 걸 좋아해요. 라미 모임 나오면 혼자 놀지 않고 친구들과 같이 놀 수 있는 것, 그게 제일 좋은 것 같아요. 저는 또래들끼리 어울려서 사회성을 기르는 게 6세나 5세한테는 좋다고 생각해요. 굳이 거창한 프로그램에 참여하거나 어디 멀리 데려가지 않고 아파트 놀이터에서 이렇게 만나고, 놀고, 놀다 보면 마음 상하기도 하고, 싸우기도 하고, 뭐 이런 과정에서 아이가 많이 배울 수 있다고 생각하기 때문에 엄마들은 엄마들끼리 모여 있고 아이들은 아이들끼리 자연스럽게 놀게 하는 게 하나의 교육이지 않나 싶어요.

보통 어린이집이나, 유치원, 초등학교 들어가면 아이 소속별로 모이게 되잖아요. 안 그래도 아파트는 단절된 공간이어서 서로 만날 기회가 많지 않은데, 자기가 소속된 그룹끼리만 모이면 놀던 아이들끼리만 모이고 다른 아이가 들

어오는 걸 배척하는 분위기가 생겨요. 저는 그런 게 싫더라고요. 근데 여기 라미에 오면 언니와도 어울리고, 오빠와도 어울리고, 같은 유치원이나 같은 학교에 다니지 않는 또래와도 어울릴 수 있어요. 아파트 공동체의 큰 장점이 아닐까 싶어요.

아들 둘까지 챙기느라 바빴던, 박상희 저희는 남자 아이만 둘인데 아홉 살, 다섯 살이에요. 오늘 아이들한테 벼룩시장 교육 좀 시키려고 참여했어요. 자기들이 직접 팔아보게 하려고요.

라미는 같은 어린이집에 아이를 보내는 이웃 엄마 추천으로 알게 됐어요. 연령대가 다양한 아이들이 같이 모여서 노니까 참 좋아요. 친구들끼리 모여봤

자 둘셋인데, 여기서 이렇게 여러 아이들이 모여서 술래잡기도 하고 어울리는 것 보면 들어오길 잘했다 싶죠. 형도, 누나도, 오빠도, 동생도 생기고 다 생겨요. (웃음) 몰랐던 친구들이나, 없었던 동생이 생기니까 아이들도 정말 좋아해요.

처음에는 여러 사람들 모이는 거라 좀 부담스럽지 않을까 걱정하긴 했는데 지낼수록 괜찮더라고요. 먼저 라미 하셨던 분들이 옆에서 도와주시고요. 아파트에서는 이웃끼리 만날 계기가 없는데 일주일에 한 번이라도 이렇게 모이니까 정이 생기고 좋아요. 저희는 가끔 저녁도 같이 먹고, 모임 때 집에서 간식도 가

져와서 먹고 그래요. 여기 오면 입 짧은 애들도 친구나 형 누나 따라서 막 먹으려고 하기도 해요. 더 먹으려고 경쟁하기도 해요. (웃음)

남편이요? 제가 남자애들 둘을 키우느라 힘든 걸 아니까 남편도 여기 모임이 있어서 다행이고, 좋다고 하더라고요. 친구들도 많이 사귄 것 보고서는 모임 들기를 잘했다고 그러더라고요. 아빠들 모임도 있었으면 좋겠어요. 엄마만 육아하는 게 아니니까. 모두 부모니까. 아빠도 있어야 하잖아요. 그 부분이 조금 아쉬워요.

라미 안에서는 서로 별명을 부르는데, 제 별명은 엔젤입니다. 애들 둘 키우니까 자꾸 고함지르고 그래서 이러면 안 되겠다 싶은 마음에 별명이라도 조금 예쁘게 지어보자 싶었죠. 천사처럼 소리도 조금 지르고 애들한테 좀 따뜻하게 대하고 그러지 않을까 하는 마음에. (웃음)

스스로 좌판을 벌여 능숙하게 물건을 팔던 초등학생, 이정윤 이것들은 제가 다 준비해 온 거예요. 벼룩시장에 많이 와봤어요. 오늘은 이제 막 시작한 거라 아직 안 팔렸어요. 이건 오천 원이에요.

일주일에 한 번씩 라미 애들이랑 모여서 놀아요. 술래잡기도 하고 무궁화꽃이 피었습니다도 해요. 한 스무 명 정도 모이는데 다 친해요. 밥도 같이 먹고, 가족 같아요. 도서관도 같이 가고요.

함께 노는 즐거움을 아는 여섯 살, 김시완 저는 여섯 살 김시완이에요. 어린이집에 다녀요. 우리 누나 이름은 김시울이에요. 나랑 닮았어요. 이것들 팔러 나왔어요. 이거 안 쓰는 모자라서 팔 거예요.

시완이와 시울이 엄마, 박정인 올해 육아휴직을 하게 돼서 라미에 참여했어요.

평일 오후 4시에서 6시에 모이니까 제가 직장 다닐 때는 못 나오잖아요. 지금이 기회죠.

라미 하면서 제일 좋은 점이요? 애들이 늘 모임을 기다려요. 오늘은 뭐하냐고 묻고, 어떤 프로그램이 딱히 없어도 그냥 놀이터에서 만나서 놀기만 해도 좋아해요. 저는 애가 둘인데 큰애하고 작은애하고 나이 차이가 있어서 둘이 같이 놀지 않으니까 둘 다 심심해했거든요. 그런데 이렇게 다른 아이들 만나서 함께 놀 수 있어서 아이들이 정말 좋아하는 게 저한테도 제일 좋죠. 저희는 별명을 지어서 불러요. 회장님은 까매서 깜, 저기 쌍둥이 어머님은 둥이, 저는 자두.

부담이요? 그런 건 없어요. 그냥 애들 나와서 놀게 해주는 건데요 뭐. 여러 사람들이랑 어울리는 것도 처음에만 서먹하고 계속 보면 익숙해지고 그래요.

씩씩하게 혼자 나와 물건을 팔던 열 살, 정유림 아직 하나도 못 팔았어요. 저는 라미는 아닌데, 애들이랑 놀다가 저기 현수막 붙은 거 보고 나오게 됐어요. 엄마가 이거 잡동사니들이라 안 팔릴 거라고 하셨는데 그래도 해 보고 싶어서 나왔어요. 우리 아파트는 마을잔치도 하는데 거기서 국악도 하고 풍물놀이도 하고 그래요. 엄청 재미있어요. 여기 동네 애들끼리도 다 잘 알고, 친해요. 그냥 같은 동네 애들이니까요.

얼마 전 셋째를 본 시은이 아빠, 주경환 장터는 두 번째 와봤거든요. 교육도 하고, 이런 장터도 하고, 김밥 만들기 같은 프로그램도 하고, 알차게 진행해 주시더라고요. 아이들이 사교성이나 친교성이 생기는 것 같아서 참 좋아요. 아무래도 저보다는 엄마가 더 많이 나오니까 다른 아빠들하고 친해질 기회는 별로 없어요, 엄마들이 매개체가 되니까. 그래도 이렇게 나오면 누구 엄마,

동네 아이들 사이에 물건을 벌인 유림(가운데)이가 웃는다.
"라미 아니어도 여기서 물건 팔 수 있어요." 유림이는 스스럼없이 말했다.

누구 아빠 알게 되거든요. 아이들하고 할 이야깃거리가 생겨서 좋아요. 아파트 다니다 보면 아는 애들도 생기고. 아이들도 어디 데리고 가는 것보다 이렇게 친구들이랑 놀게 해주는 걸 더 좋아하더라고요. 보통 놀이터 아니면 여기 옆에 대형 쇼핑몰을 가는데 두어 달에 한 번씩 이런 장터가 있으면 색다른 이벤트처럼 참여할 수 있어서 좋지요.

오늘은 아빠들이 많이 안 나오셨는데, 지난번에는 아빠들이 여럿 나오셔서 물건도 같이 팔고, 공룡이나 로봇으로 놀아주고 그랬어요. 저는 아직 아이들이 어려서 그럴 기회는 없지만. (웃음) 집사람은 일주일 전에 셋째를 낳아서 지금 조리원에 있어요. 지난번에 만삭으로 여기 장터 나와서 물건 많이 팔았는데, 다음에는 셋째도 데리고 다 같이 와야죠.

아는 아이, 모르는 아이, 우리 단지 아이, 옆 단지 아이, 같은 학교 아이, 다른 학교 아이 가릴 것 없이 한데 어울릴 수 있는 마음, 바로 그 마음을 갖게 하는 게 육아공동체 라미의 존재 이유인 듯했다. 멀리서 아이들을 챙기는 유은경 대표 모습이 보였다. 마지막으로 딱 하나만 더 물었다.

앞으로 바라는 점이 무엇인가요?

유은경 올해까지는 영유아 중심으로 활동하고, 내년부터는 초등 방과후로 전환해서 일종의 마을 방과후 학교라고 할까요, 영유아뿐 아니라 청소년도 다 아울러서 마을이 함께 아이들을 키운다는 그런 맥락으로 가고 싶어요. 머리 맞대고 어떻게 할 수 있는지 구상만 했어요. 지금은 공간 사용 문제로 취소

PART 02 아이들이 어울려 노니는 아파트

가 되긴 했지만, 동네에서 저녁 돌봄이 필요한 아이들 돌보미도 했었거든요. 가정 형편상 저녁을 못 먹고 잠드는 애들이 있어요. 그런 아이들이랑 같이 저녁 먹는 돌봄을 했었는데 지금 그것도 멈춘 상태거든요. 그 아이들 길거리에서 만나면 "우리 언제 다시 만나요, 언제 밥 먹어요?" 하고 물어요. 더 기다리라고 얘기하기가 정말 미안해요. 공간 문제가 얼른 해결되면 좋겠어요. 저희가 마을 방과후 학교 체제로 전환되면 그런 아이들까지 같이 흡수할 기회가 더 많아지지 않을까 하는 바람만 가지고 있습니다.

---

1 도서관에 붙은 방 내용
"알립니다. 도서관 장소 사용의 문제로 동대표단과 분쟁이 발생하여 도서관 운영이 정상화될 때까지 당분간 축소 운영합니다. 주민 여러분의 양해 부탁드립니다. 6월 오후 2~5시, 7월 오후 4시~6시"

"한살림 구파발 매장 검색해서 오세요." 유은경 대표가 일러준 대로 찾아가니 10-2단지를 쉽게 찾을 수 있었다. 멀리 연둣빛 간판이 보인다. 단지 입구에 둥지를 튼 아담한 한살림 매장엔 장보는 이들이 몇 있었다. 아파트 입구에 이런 매장이 있으면 집에 들어가는 길에 그날그날 찬거리를 살 수 있어 참 좋겠다 싶었다. 내가 사는 아파트는 찬거리 하나 사려면 멀리 나가야 해서 맞벌이를 하는 나로서는 주말에 일주일치 장을 한꺼번에 봐야 했다. 한짐을 낑낑대며 이고 지고 집으로 들어가야 했기에 바로 집 코앞에서 소소하게 장을 볼 수 있는 이 동네 주민들이 퍽 부럽기까지 했다. 그런데 그보다 더 좋겠다 싶은 것은 한살림 바로 옆에 살림을 차린 아파트 작은도서관이 무척이나 근사하다는 것이다.

"저희 넷이 다 같은 반이에요. 3학년 가람반. 저쪽 책뜰에도서관에 갔다가 여기 두드림도서관으로 왔어요."

편하게 엎드려 책을 보던 새롬이와 지영이는 마을책을 만들거라며 귀찮게 구는 아줌마에게도 사근사근이 작은도서관 애용기를 들려줬다.

"왜 여기로 바로 안 오고 옆 단지 도서관에 갔다 왔어?"

"먼저 여기 왔었는데 문을 안 열었더라고요. 그래서 거기 좀 있다가 다시 왔어요."

"책뜰에도서관이 좋아, 여기 두드림도서관이 좋아?"

"여기요. 우리 도서관은 더 밝고 아기자기해요."

그러고 보니 두드림도서관은 넓지는 않지만 어딘지 포근해 보였다. 편안한 마루바닥 때문인가, 밝은 조명 때문인가. 어쩌면 이 아이들 때문이 아닐까. 자기가 보고 싶은 책을 골라, 원하는 자리 하나를 잡아, 원하는 자세로, 원할 때까지 책을 읽는 이 아이들 덕분에 도서관이 이리도 제 구실을 하는 게 아닐까. 이 아이들 덕분에 종일 엄마 손이 오고간 세간처럼 반짝이고 정감 가는 공간이 된 게 아닐까. 아무리 좋은 공간이라도 이용하는 사람이 없다면 이렇게 온기가 느껴지기는 어려울 테니 말이다. 공간 사용 문제가 잘 해결되어 아이들이 마음껏 작은 도서관을 이용할 수 있으면 좋겠다.

구파발10-2단지 라미

우리
아파트에는
이야기가
산다

책을 읽다 보면 마음에 무언가 차고

넘치는 걸 느껴요

한 달에 두 번 모여
함께 책을 읽는 동아리

마곡엠밸리5단지 책동이

interviewee

기루 책동이 회장
늘보, 베스, 아지, 열매, 월주, 햇살 책동이 회원들

책은 세상을 바꿀 수 있을까? 그런 듯도 하고, 아닌 듯도 하다.
마곡엠밸리5단지 작은도서관에서 '책읽는어른동아리(책동이)'
회원들을 만난 날, 이 알쏭달쏭한 문제의 답을 구할 수 있었다.

기루 그림책 모임 하면서 운 적도 있어요. 눈물 찡한 그림책들 많잖아요. 그런 계기들이 모여서 뭔가 사람을 변화하게 하잖아요. 그게 굳이 유도했던 순간은 아니었는데⋯. 제 기억에 남는 건 『에드와르도』¹라는 책을 읽었을 때예요. 그 책을 읽고 이야기를 나누다가 한 분이 우셨어요. 그래서 그분과 이런저런 이야기를 나눴죠. 그분한테도 아마 힐링의 시간이 되었을 거예요. 그냥 이야기들 주고받으면서 위로의 말을 건넨 시간인데, 뭔가 하나가 딱 끊기면서 풀어지는 계기? 이런 것들이 차곡차곡 쌓이는 것 같아요. 누구에게나 그런 순간들이 한 번씩은 있었던 것 같아요.

열매 저는 도자기 수업 갔을 때가 제일 기억나요. 거기서 그 도자기 빚으시는 분들이 도자기에 관련된 이야기를 해주시더라고요. 저희는 책 모임이니까 책에 대한 이야기를 해드렸거든요. 예술에 관한 그림책을 가져가서 그분한테 읽어드렸어요. 그랬더니 그분이 너무 좋아하시면서 그림책의 세계로 발을 한 걸음 들이시더라고요. 그분이 스페인에서 유학하셨는데 저희 모임 이후에 스페인 그림책을 한 권을 사셨다는 소식을 들었어요. 그런 게 좀 뿌듯하기도 하고 저희 입장에서는. 좋은 것 같더라고요. 성인한테 그림책을 알려줄 수 있다는 거.

'책동이'에 나와 책을 함께 나눈 덕분에 마음이 동한 적이
있느냐는 질문에 기루 씨와 열매 씨는 마음이 흔들렸던

이번 시간은 열매 씨가 그림책을 읽어줄 차례다. 먼저 표지부터 차근차근 살핀다.
그림책 『나는 죽음이에요』를 함께 나눈 이야기는 뒤에서 이어진다.

순간들을 곱씹었다. 그런 순간들 덕분인지 이 책 읽기 모임은
두 해 넘게 계속되었다. 책은 이렇게 한 사람의 마음을 흔드는
계기는 될 수 있겠구나 싶었다.
이러한 계기는 여럿이 함께 읽고 나눌 때 더 자주 찾아온다.
그렇게 한 사람 한 사람의 마음이 흔들리면 책을 넘어서
새로운 이야기가 탄생한다.

열매 저는 이번에 그림책 수업 신청했어요. 14단지 총괄하시는 분인데 그분이
같이 듣자고 하셔서요.

월주 저는 자주 나오지 않지만, 여기 책동이 선생님들은 얼마나 열심인지 몰라요. 자기들끼리 모임도 할 뿐 아니라 본인들이 가서 심화된 공부를 하고 오시고 또 그걸 동네 아이들한테 베풀고…. 이분들이 아파트 아이들 상대로 재미있는 책 가지고 수업도 하셨거든요. 이 모임 인원은 적지만, 그 이상의 의미가 있는 것 같아요. 아파트 문화를 조금씩 바꾸는, 책문화로 바꾸는, 그런 역할을 하신다고 생각해요.

아이들한테 그림책 수업도 해 주신 거예요?

기루 네, 저희가 책을 읽다 보면 내 마음에 무언가가 차고, 그러면 그게 밖으로 넘쳐서 이렇게 이야기를 전하게 돼요. 그렇게 그림책을 나누면 또 저희가 더 채워지고요. 더 채우고 싶어서 그림책 공부도 하러 가고요, 책도 더 많이 보게 되고, 뭐 그런 거 같아요. 저절로 사회적으로 하는 모임이나 활동을 하러 가게 돼요. 그림책 큐레이터 과정도 같이 들으러 가서 이수했고 책놀이 프로그램도 가서 거의 다 이수했어요. 그런 식으로 점점 확장이 되는 거 같아요. 그러면서 여기 작은도서관에서 아이들 모아 그림책 수업도 했고요.

기루 저희 요즈음 화두가, 우리가 여태 한 걸 묶어서 책으로 내보자는 거예요. 저희가 읽었던 그림책들을 묶어보자는 것. 이삼 년 그림책 봤으니까 그래도 좀 쌓이잖아요. 이게 쌓여야지 밖으로 나갈 수 있는 거 같아요. 그러고 보면 이런 모임들이 동네에 정말 필요한 것 같긴 해요.

책을 읽으면서 어떤 변화의 계기가
가족들한테도 있었나요?

기루 그럼요. 저희가 바뀌니까 그게 가족한테도 전달되잖아요. 제가 애들한테 책 읽어주면, 옆에 있던 남편도 한 권이라도 더 읽게 되죠. 지역사회에서 개인으로 퍼뜨리는 운동도 있겠지만 이렇게 나에서, 가족에서, 지역으로 점점 더 확장하는 게 변화시키는 힘이 큰 것 같아요. 저희가 뭐 크게 지역 단위 활동을 하지는 않지만, 이런 모임들이 기초가 되다 보면 신기하게도 뭐 얘기들은 나와요. 경로당 가서 책 읽어드릴까, 놀이터 가서 책 읽어줄까, 이런 이야기들은 나오거든요.

이렇게 개인에서 가족들로, 또 마을로,
마음을 열어가는 순간들이 어쩌면 책 모임을 두 해 넘게
지속할 수 있었던 까닭 중 하나가 되겠네요.

아지 그렇죠. 각자에게 도움이 되는 좋은 시간들이니까.

책은 사람의 마음을 흔들고, 그 진동이 둘레 사람들에게도
전달된다. 기루 씨의 말처럼 책으로 마음이 꽉 차면 어느새

누군가에게 흘러넘친다. 그리고 새로운 이야기가 탄생한다. 그러다 보면 나는 어느새 다른 '사람'이 되어 있기도 하다. "공동체를 이루는 과정에서 사람이 발굴됩니다. 그냥 '엄마'였는데, 품앗이를 하다 보니 어느새 선생님이 됩니다. 나의 에너지를 사회로 환원할 기회를 얻는 것입니다. 도서관은 그렇게 사람을 만듭니다."
김소희 '책읽는엄마책읽는아이'[2] 도서관장이 어느 인터뷰에서 한 말이 잘 와 닿는 이유가 바로 여기에 있다. 나도 모르게 시나브로 나를 다른 '사람'으로 만들게 하는 곳, '에너지를 사회로 환원하는 계기'가 되는 곳. 이 작은 공간이 작지만은 않은 곳임을 깨닫는다.

책동이 모임이 생겨난 것도, 다양한 책 프로그램을 운영하는 것도 이 작은도서관이 없었다면 이뤄지기 어려웠을까요?

기루 당연하죠. 도서관이 있고 공간이 있고 책이 있으니까 시작할 수 있었죠. 그리고 자원봉사자들요. 도서관 지킴이라고 부르는 자원봉사자들 덕분에 이 공간이 계속 유지됐고, 책 모임도 계속할 수 있는 거고요. 지킴이들이 다 엄마들인데, 아이 키우고 집안일 하면서 하루 네 시간에서 많게는 여섯 시간씩 도서관 지키는 것도 쉽지 않은 일이잖아요.

작은도서관 이야기가 나왔으니까 도서관에 대한 질문 하나만 더 할게요. 실제로 작은도서관 운영이나 프로그램 기획 등을 담당하신 분으로서, 또 이렇게 책 모임을 꾸준히 해온 분으로서,

PART 03 작은 도서관이 숨 쉬는 아파트

아파트에 작은도서관을 꼭 만들어야 하는 이유가
뭐라고 생각하세요?

기루 사실 작은도서관은 문화시설이 맞거든요. 문화적인 공간이 있느냐 없느냐에 따라서 달라지죠. 생활이 달라지고 삶이 달라지고. 아이들이 커가면서 동네 도서관에서 놀고 자란 아이들, 어쨌든 이런 문화를 흡수한 애들이랑 이런 거 전혀 없이 자란 아이들은 다르죠. 경로당도 그렇고, 복지관도 그렇고, 수익이나 비용이나 이런 면으로 접근하면 안 된다고 생각해요. 당연히 여기는 돈만 들어가는 곳이거든요. 경로당이나 복지관이 수익은 없고 비용만 많이 든다고 해서 없앨 건가요? 아니잖아요. 문화적 측면에서 접근한다면 많은 도서관들이 좀 더 활성화되지 않을까 싶어요.

66

그러고 보면 이런 모임들이
동네에 정말 필요한 것 같긴 해요.

책동이 회장
기루

99

마곡엠벨리5단지 책동이

늘보 더불어 사는 공간이라고 생각한다면 아이들을 위한 공간도 있어야 하고 어른을 위한 공간도 있어야 하고 노인을 위한 공간도 있어야죠. 그런 생각으로 이 공간을 아까워하는 사람들이 와서 문을 여는 거예요. 한 사람이 문을 여는 도서관도 있다고 들었거든요. 할머니 한 분이 그렇게 몇 년을 문을 열었다는 데도 있고요.

햇살 맞아요. 여기 오는 아이들 보면 작은도서관이 왜 필요한지 알 거예요. 오는 아이들이 다 옆집 애고, 반 친구고, 다 인사하고 그래요. 도서관에서 무슨 일 있고, 누구누구 싸우고 그러면 엄마들한테 다 들어갈 정도죠. 오후에 네 시쯤 되면 보통 초등 저학년들 그리고 유치부 아이들 많이 와요. 가끔 중학생들도 오고요. 시끌시끌하죠. 모여서 책을 읽어주기도 하고 어떤 날은 조용히 앉아서 책 보기도 하고 어떤 날은 그림 그리기도 하고 어떤 날은 도서관에 숨어 있기도 하고 분위기는 그때그때 달라요. 책 읽기 장려하려고 독서통장 같은 것도 만들어서 애들 하루에 두 번씩 도장 찍어주면 그 맛에 안 오던 애들도 오고, 책 안 읽던 애들도 앉아서 책 읽고 그래요. 이런 아이들을 위해서라도 작은도서관이 필요한 게 아닐까요.

> 이들에게 작은도서관은 선택이 아니라 필수였다. 책이 생명력을 가지려면 책을 읽고 몸으로 내보이는 '사람'이 있어야 할 뿐 아니라, 책을 함께 나눌 '공간'도 있어야겠다는 생각이 들었다. 다시 책동이 이야기를 이어갔다. 이들이 이렇게 자원봉사자로, 그림책 모임 회원으로 꾸준히 함께해온 특별한 까닭이 있지 않을까 궁금했다.

저도 사내 독서 동아리 회원인데, 꾸준히 나가는 게 쉽지 않더라고요.
부담이 되면 그만할 수도 있는데 어떻게 책동이는
두 해 넘게 이어져 왔는지 궁금해요.
책동이에 나를 붙잡아두는 힘이 뭘까요?

열매 저는 부담 없이 해요. 그게 제일 큰 이유인 것 같아요. 너무 크게 뭘 하려고 하지 않고 부담 없이 하는 것. 그래야 계속 나올 수 있어요. 평소에 서로 사적인 이야기를 하는 시간이 많이 없는데, 그림책 이야기를 하다 보면 자연스럽게 자기 얘기도 나와요. 그러다 보니까 거창한 얘기 준비할 필요 없고, 서로 부담이 없는 거 같아요.

기루 저희가 어려운 책 안 봐요. 그림책으로 시작했고, 그다음에 초등학교 5,6학년 대상 문학책을 읽었어요. 그것도 다 읽고 모이는 게 아니라 같이 모여서 읽었어요. 저희가 처음 읽었던 책이 『책과 노니는 집』, 『몽실이』 이런 책들이었고요, 읽어가면서 점점 최근에는 『사피엔스』도 읽고 이렇게 됐죠. 처음부터 유행하는 좋은 책 읽자, 어려운 책 읽자, 이런 의도로 시작한 건 아니에요. 읽다 보니 그렇게 됐어요.

모임을 지속하는 까닭이 '부담이 없어서'라는 말에 큰 울림이 있었다. 어떤 목적 때문에 모임에 나와야 한다면 그 목적을 달성했든, 달성하지 못했든 부담감 때문에 자발적인 공동체가 오래가기는 어렵다. 그동안 만난 공동체의 회원들을 떠올리면, 공동체가 오래될수록 목적에 얽매이지 않았다. 밥을 먹고, 씻고, 잠을 자듯 공동체 사람들을 만나고 이야기하는 일들이 일상이 되었다. "왜 계속 나오세요? 안 힘드세요? 부담 안 되세요?" 이런 질문에 많은 이들은 "그냥 내가 좋아서 나오는 건데 뭐." 같은 반응이었다. 힘들면 안 나오면 된다고, 재미있으니까 나온다고, 이 재미로 일주일 버티는 거라고 하셨다. 어떤 목적으로 잠시 만났다 헤어지는 관계들 속에서 공허함을 느껴본 사람이라면 '부담 없이 내가 좋아서 계속한다'는 이 아파트 공동체 이야기들로부터 더 큰 울림을 받으리라 싶다. 이들은 모임에 첫발을 내밀 때도 거창한 목표 없이 자연스러웠다고 한다. 자원봉사만 하지 말고 책도 좀 읽어보자는 말에 기루, 아지, 늘보, 햇살 씨는 책동이를 만들었고, 열매 씨는 같은 어린이집에 아이를 보내는 기루의 권유로 모임에 들어왔다.

베스 씨는 열매 씨가 하는 걸 보고 자기도 하고 싶다며 들어왔고 월주 씨는 볼일이 있어 작은도서관에 몇 번 왔다가 모임이 좋아서 가끔 와 본다고 했다.

월주 아이들이 지금 중학생, 고등학생 둘이에요. 저는 걔들 어릴 때부터 그림책 읽었어요, 같이. 그게 토대가 되니까 지금도 읽어줘요. 자주는 아니고, 내킬 때 한번 읽어주는데 어릴 적부터 해줬더니 그게 자연스러워요. 규칙적으로는 안 해요. 애들이 다 커서 그럴 리도 없고. 근데 애들이 내가 읽어주는 거 가만히 듣고, 그림책을 보는 게 어색하지 않아요. (웃음) 여기 작은도서관에서 엄마들이 그림책을 너무 열심히 하시니까 저도 그 감각을 잃지 않으려고 계속 나와요.

다 큰 자녀들이 엄마에게 속마음을 내보이는 계기가 되나요?

월주 그렇죠. 불쑥불쑥 한마디씩 던지면 그걸로 또 얘기를 하고 그래요.

"책과 노니는 집"이 딱 선생님 댁이네요. (웃음)

월주 아니, 이분들이 더 잘하세요. 가족들하고 다들 읽는 것 같아요. 안 빠지고 꾸준히 나오고….

한 달에 두 번 모이신다고요?

햇살 네. 정기모임은 달마다 첫째 주, 셋째 주 이렇게 두 번인데, 한 달이 다섯

"그림책 이야기를 하다 보면 자연스럽게
자기 얘기도 나와요.
그러다 보니까 거창한 얘기 준비할 필요가 없고,
서로 부담이 없는 것 같아요."

마곡앰벨리5단지 책동이

주인 경우 5주 차는 외부에 나가서 다른 모임에 참여하기도 해요. 책 읽는 거 말고 어디 가고 싶은 데를 간다든가, 체험 같은 걸 한다든가, 이런 식으로요.

책과 관련된 곳으로 주로 다니시겠네요.

아지 네, 파주 지혜의숲을 다녀온 적도 있고, 책 속 주인공들을 인형으로 만드는 수업에 다녀오기도 했어요. 북다이어리 만들기 이런 것도 했고요. 이런 활동을 하다 보면 책을 훨씬 더 잘 이해하게 되는 거 같아요.

> 아지 씨가 집에서 내려 온 커피를 준비한 잔에 담아 회원들에게 한 잔씩 건넸다. 얼음까지 챙겨온 정성이 대단했다. 햇살 씨는 먹음직스럽게 싸 온 샌드위치를 꺼냈다. 그때 열매 씨가 뭔가 생각난 게 있다는 듯 가방을 뒤져 알록달록한 것들을 내보였다.

늘보 지난번에 『빨강머리 앤』 책 나눈 뒤에 열매 씨가 통영에 다녀왔어요. 그때 빨강머리앤 카페에 가셔서 이렇게 기념품 하나씩 사 오신 거예요.

> 열매 씨는 가족 여행을 떠난 곳에 책과 관련된 장소가 있으면 그냥 지나치지 않게 됐다고 했다. 지나는 길에 서점이 보이면 발걸음이 저절로 그곳을 향한다고 한다. 한편 아지 씨는 애초에 서점을 들를 생각으로 계획을 잡고 여행을 떠난다고 한다. 그녀는 얼마 전 남편과 함께 속초 동아서점에 다녀온 일화를 소개했다. 여행 후기를 들으니 동아서점을 운영하는 김영건 씨의 책 『당신에게 말을 건다』[3] 표지가 떠올랐다. 눈 오는

겨울, 퇴근한 아빠 손에 들려 있던 군밤 봉투를 떠올리게 하는 책이었다.

거친 갈색 봉투엔 다 식은, 거뭇한 입을 벌린, 군밤이 열 알 정도 들어있었는데, 그 책의 표지가 갈색에다가 크기도 군밤 봉투만 했던 탓이었을까, 신기하게도 책을 읽고 나니 정말 군밤 한 봉지를 다 먹은 것 같았다. 정말 어쩌다가 아버지의 뒤를 이어 서점을 운영하게 됐다며, 읽는 이를 다소 당황하게 한 책이었지만 그만큼 담백하고 진솔한 이야기였다.

부담 없이 책 모임을 하고, 또 부담 없이 도서관을 지키고, 또 부담 없이 동네 책방을 찾아가는 책동이 회원들의 이야기가 책이 된다면 아마 그 책도 동아서점 김영건 씨의 담담한 이야기만큼이나 군밤 맛이 나지 않을까 싶다. 생각보다 달지 않지만, 생각보다 텁텁하지만, 그래서 자꾸 꺼내 먹게 되는, 먹고 나서도 속이 편한, 그런 '사람'들이 사는 이야기이니 말이다.

인터뷰를 마칠 즈음 책동이 회원들이 오늘 나누려고 했던 그림책을 느지막이 펼쳤다. 열매 씨가 『나는 죽음이에요』[4]를 읽어주기 시작했다.

나는 죽음이에요.

삶이 삶인 것처럼

죽음은 그냥 죽음이지요.

나는 부드러운 털을 가진 작은 동물에게도,

긴 코를 가진 코끼리에게도,

그리고 날카로운 이빨을 가진 동물에게도,

모두 찾아가요.

나는 새들이 눈 뜨기 전

아침 일찍 찾아가기도 하고,

태양이 하늘 아래로 사라진 후 늦게 찾아가기도 해요. (후략)

기루 이 책을 저도 봤거든요. 그런데 이게 계속 생각이 나더라고요. 며칠 동안 머릿속에 뱅글뱅글. 아영이랑 같이 읽어봤어요. 죽음이라는 단어를 아영이는 굉장히 무서워하거든요. "엄마가 죽으면 어떡해?" 이런 걱정도 해요. 책을 덮을 때는. 죽음이라는 것을 아이가 이렇게 받아들일 수도 있겠구나 싶었죠. 애한테 생각보다 잘 먹혔어요. (웃음)

월주 맞아요. 몇 살 때인지 모르겠지만 죽음에 대해서 집착하는 시기가 있잖아요. 자꾸 물어보잖아. 그걸 너무 무서워하고.

열매 그런데 이 책을 읽고 나니까 죽음을 친구처럼 생각해요. "엄마, 죽음이다, 죽음이." 이런 식으로. 여기 사람처럼 나오니까. (웃음) "엄마 죽음이 읽어줘요." 막 이래요. 자기 동생한테도 "떨어지면 다쳐. 죽음이가 올 수도 있어." 이러더라고요.

아파트 단지에 들어서서 "작은도서관이 어디 있어요?" 물어물어 찾은 공간. 컴컴하고 어두운 계단 2층을 올라가야 만날 수 있는 곳. 그래서인지 일 층부터 작은도서관 입구까지 길을 환하게 밝히는 게 이 도서관의 숙원사업이라 하던데, 그 소망이 얼른 이루어지길 바란다. 그래야 이들의 알록달록한 이야기가 도서관을 넘어 더 많은 이들에게 닿을 수 있지 않을까.

책 덕분에 울기도 하고, 관심 없던 것에 눈길을 주기도 하고, 모르는 아이와 사제지간이 되기도 하고, 또 낯선 공간에 찾아가기도 하는, '책 읽는 어른'들의 이야기는 이제 '책이 세상을 바꿀 수 있을까'라는 질문 따위는 중요하지 않다는 생각을 하게 했다. 세상을 바꾸든 말든, 이들은 그냥 좋아하는 책을 읽고 그것이 자기를 채우면 가까이 있는 이들과 나눌 뿐이다. 시나브로 그들의 이야기는 쌓여 책이 될 테다. 사람은 책이 되고, 책은 사람이 된다.

1 『에드와르도』
존 버닝햄 지음, 조세현 옮김, 비룡소, 2006.

2 책읽는엄마책읽는아이 도서관
김소희 관장이 사비를 들여 서울시 성동구 행당동에 2001년 설립한 도서관으로, 아이들의 책 놀이터이자 주민들의 이야기방이다.

3 『당신에게 말을 건다』
김영건 글, 정희우 그림, 알마, 2017.

4 『나는 죽음이에요』
엘리자베스 헬란 라슨 글, 마린 슈나이더 그림, 장미경 옮김, 마루벌, 2017.

키 작은 책장 위엔 책 표지가 보이도록 세워놓은 책들이 몇 있었다. 아이든 어른이든 누구든 자유롭게 마음에 드는 책을 세워놓을 수 있다. 원하면 빌려 가고 그 자리엔 자기가 좋아하는 책을 또 세워놓으면 된다. 그래서 수시로 바뀌는 전시장이라고 한다.

기루 씨에게 책 구입비가 부족하지는 않으냐고 물으니, 입대위 지원비로 책을 사느라 신간을 넉넉하게 채워 넣지는 못하지만 지원 금액이 중요하지는 않다고 한다. 그보다는 꾸준히 굴러가는 게 중요하다 한다. 한 달에 두 권씩만 사야 한다고 해도, 도서관이 문 닫지 않고 계속 열리고, 계속 찾아오는 사람이 있으면 괜찮다고 한다. 작은도서관이든 작은도서관에서 시작하는 모임이든 처음에 의욕이 넘친다고 급하게 가지 말고 시간을 쌓으며 계속 가는 게 중요하다는 조언도 덧붙인다. 지치지 않고 생명력을 이어가야 한다고.

속초 동아서점 운영자 김영건 씨는 책방을 물려준 아버지에게 전하는 말로 책을 끝맺는다. "아버지. 앞으로도 부디 오랫동안 서점에 계셔 주세요. 오래오래 제 곁에 있어 주세요." 책에 생명을 불어넣는 사람들이 부디 오래오래 그 자리에 있으면 좋겠다.

interviewee

최미선, 박주희, 박효정, 서경화, 손도영, 이정희 책거름 회원들
권미, 김은송, 송지혜, 이은영, 이정애, 추온결, 한충희 책봄 회원들

PART 03 작은 도서관이 숨 쉬는 아파트

"각자 재능대로 책 보는 눈이

다 달라요
"

그림책을 나누며
도서관을 지키는

마곡엠밸리4단지
책거름&책봄

마곡엠밸리4단지 작은뜰도서관에서 시작한 책 모임은 두 가지다. 책거름과 책봄. 원래는 한 팀으로 운영하려 했으나, 각자 선호하는 시간에 맞춰 두 팀으로 나누었다고 한다. 책거름과 책봄 회원들을 한자리에 불렀다. 모두 열네 명인데, 한 분이 오지 못했다. 그런데 머릿수는 열넷이 맞다. 송지혜 씨의 아들 온결이가 함께해 빈자리를 채운 까닭이다.

두 팀이 오랜만에 만나는 것 아니냐고 묻자 같은 단지에 사느라 오다가다 자주 만난다고 한다. 이들은 놀이터에서든, 도서관에서든 마주칠 때마다 반가운 이웃 사이다. 2015년에 문을 연 작은도서관만큼 나이를 먹었으니 이 모임도 이제 세 살. 해가 세 번 바뀔 동안 구성원은 모두 그대로라고 한다.

어떻게 이렇게 책 모임을 계속 이어오실 수 있었어요?

최미선 저희도 처음엔 책 모임을 하리라고는 생각 못 했어요. 작은도서관 자원봉사자로 만났죠. 도서관에 코디네이터로 오신 사서 선생님이 책 모임을 제안하셨어요. 그분 덕분에 책 모임의 틀을 잡았어요. 그러고는 이렇게 계속하게 됐네요.

이정희 이런 책 모임이 유지되려면 우선 같은 단지 사람들로 구성해야 해요. 왜냐면 바로 오기가 편해야 참석률이 안 떨어지거든요. 그리고 공유하는 공간이 비슷하니까 공감대가 생기기 좋죠.

최미선 그리고 함께 읽을 책을 잘 선정하는 게 중요한 것 같아요.

박주희 맞아요. 부담이 없어야죠. 저희도 그림책으로 시작했잖아요. 그림책은 읽고 말하기가 편하고, 접근하기가 쉬워요.

이정희 책 모임이지만 책 얘기만 하는 게 아니고, 일주일에 한 번 만날 때마다 그동안 있었던 일들이나 애들 얘기 나누게 되잖아요. 각자 책을 읽고 와서 느낌이 다 다르지만, 책의 어느 부분에서 항상 공유하게 되는 지점이 있어요. "이 장면에서 우리 애들은 이랬는데" 하면서 감정을 풀다 보니까 와서 힐링하

66
여기 개미지옥이에요.
한번 발 들이면 못 나가요.
작은도서관 자원봉사회 회장 &
책거름 회원 최미선
99

는 시간이 돼요. 부담스럽고 어렵고 힘들면 오기 싫을 텐데, 그게 없다 보니까 자연스럽고 쉽게 접근하게 되죠. 어찌 보면 좀 가볍게 보일 수도 있고요.

이은영 저는 그림책을 처음 접했을 때 그림책 안에 녹은 작가의 이야기라든지, 그림이 변해가는 과정 같은 걸 잘 몰랐어요. 그냥 아이에게 읽어주기만 했거든요. 그런데 이 모임을 통해서 처음으로 그림책 속에 많은 내용들이 있고, 다양한 시선으로 볼 수 있는 장치들이 있다는 걸 알게 되면서 그게 너무 신기했어요. 그런 것들을 알아가는 재미로 나오게 됐어요.

이정희 생각해 보면, 처음에 틀 잡아주신 분이 저희한테 큰 힘이 됐어요. 많

이 알려주고 가셨거든요. 그림을 보는 법이라든가 책을 선정하는 방법이라든가 하는 것들을요. 저희의 길잡이가 된 분이죠.

손도영 '행복한아침독서'에서 좋은 분들을 보내주셔서 저희가 행운이었죠. 그분이 저희한테 애정을 갖고 많이 가르쳐주신 게 참 감사했어요. 또 저희가 다 개성이 달라요. 지금은 다들 애 엄마지만 결혼 전에는 각자 전공한 분야가 다 달라서 책 하나를 보더라도 시각이 다 다르거든요. 네 명이나 여섯 명이 모이면 다 시선이 다르거나, 다 같아도 꼭 한 명은 달라요. 그걸 찾아내는 재미가 있어요.

박주희 이 도서관이 처음부터 활성화되진 않았어요. 우리 애가 뛰어놀고, 겨울에 추워지면 함께 갈 곳이 필요한데, 입주했을 때 애들이 놀 공간이 없었어요. 여기(작은도서관 공간) 비어있는데 애들하고 같이 오는 공간으로 바꾸면 어떨까 싶어서 그것 때문에 하나둘씩 엄마들이 모인 거예요. 처음에는 체계적인 게 전혀 없다가, 아까 말씀드렸던 그 사서 선생님이 오셨고, 관장님도 "이게 오래가려면 자원봉사자의 힘이 되게 중요한데, 그 힘을 이끌어가는 사람들이 책을 사랑해야 하니까 책 모임이 운영되면 좋겠다, 주축이 되는 사람들이 있었으면 좋겠다" 그래서 이렇게 모임도 하게 된 거죠.

책을 함께 읽으면서 자기에게 찾아온 변화나,
아파트 작은도서관이 생긴 덕분에 일어난
긍정적 사례가 있으면 말씀해 주세요.

손도영 제 경우엔, 저 스스로 많이 바뀌었거든요. 저는 책 모임을 한다고도 안

했는데 작은도서관 자원봉사로 청소하러 왔다가 관장님한테 잡혔어요. (웃음) "청소하는 게 다가 아니다, 여기 와봐라" 하셔서 시작한 덕분에 책 모임을 꾸준히 하게 됐는데, 그림책이라 부담이 없고 보면 볼수록 정이 있는 거예요. 하다 보니까 그림책 공부도 하고 싶더라고요. 그래서 도서관에서 그림책 관련 공부도 하고 있어요. 공부를 해서 재능기부로 도움도 주고 싶고요. 이건 아이에게 도움이 되기보다는 지금 저한테 더 힐링이 되고 있어요.

조지환 아파트 안에 작은도서관이 만들어지면서 아이들 갈 곳이 생긴 게 저는 제일 좋은 거 같아요. 잠깐의 탁아소랄까요? 집에 엄마가 없는데 학교에서 돌아와서 학원가기 전까지 마땅히 있을 곳이 없는 아이들한테 간식이라도 챙겨주는 공간이 있으면 좋잖아요.

이정희 제 아이는 이번에 여덟 살이 됐어요. 입학해 보니까 학교에서 학교도서관을 의무적으로 이용하는 시간을 정해됐더라고요. '얘가 도서관에 가서 책을 어떻게 볼까' 걱정했는데 나름 여기 작은도서관에서 많이 봐온 터라 학교도서관을 낯설어하지 않더라고요. 그래서 거기서도 자기가 읽고 싶은 책을 꺼내서 봐요. 누가 이거 재밌어 그래도 휩쓸리지 않고 자기가 읽고 싶은 걸 꺼내서 빌려서 읽는 거죠.

어쩌면 이런 것들은 국공립도서관이 아닌,
아파트 작은도서관이어서 할 수 있는 역할이 아닐까 싶어요.

이정희 그렇죠. 국공립도서관은 아주 큰 데는 중압감이 있잖아요. 되게 조용하고, 방대한 책들이 가지런히 꽂혀 있고, 찾기도 어렵고. 또 멀고.

조지환 아이들이 무슨 책을 골라야 할지도 막막해해요. 또 작은도서관은 집에서 가까우니까 놀이터 가듯 드나들면서 도서관과 친해질 수 있죠.

최미선 저에게는 좋은 책의 기준이 없었거든요. 그냥 애들한테 많이 읽어주면 좋은 거라고 생각했는데, 책을 아이들에게 읽어주기 전에 이렇게 모임을 통해서 함께 읽으니까 읽으면서 느꼈던 것들을 애들한테도 물어보게 되고, 아이들과 더 풍성한 얘기를 나누게 되었어요.

권미은 서로 키우는 아이들 연령도 다양해서 유아랑 아동이랑 고학년이 바라보는 시각이 다 달라요. 아기들이 우리가 모르는 특이한 것들을 발견하는 경우도 많고요. 모임에 와서 그런 각양각색 시선을 이야기하니까 다양해서 좋아요.

이은영 영아들은 데리고 와야 하니까 항상 함께 읽거든요. (온결이를 가리키며) 애도 같이 듣죠. (웃음) 그림책을 통해서 틀에 박힌 생각에서 벗어나게 되는 것도 좋은 변화예요. 아이를 보는 것에 대한 나의 자세도 바뀌고, 사회에 대한 인식도 바뀌고. 내 아이뿐만 아니라 다른 아이들을 볼 수 있는 시각도 바뀐 것 같아요.

이정희 받아들이고 인정하게 되죠. 아이들은 저마다 다 다르다는 것.

그럼 아이 키우시면서 화낼 일도 좀 참게 되고 그러시나요?

이정희 그 당일은 좀 참게 되는데, 오래가지 않아요. (웃음) 1박 2일.

이은영 아이가 이럴 수밖에 없었구나, 그게 이상한 게 아니구나, 이런 걸 보게 됐죠, 그림책을 통해서. 공동체라는 거. 나 혼자 키우고 나 혼자 살아가는 세상이 아니라 함께 키워야겠구나 하는 생각을 하게 해준 거 같아요.

그림책 모임이 많아지면 아이들의 명랑성과
개성을 이해해줄 어른들도 많아지겠네요.
이런 책 모임 없이 아파트 작은도서관만 운영되는 것과 달리,
아파트 작은도서관에 책 모임이 생겨나면
어떤 점이 좋은가요?

조지환 사실 도서관에 새로운 책이 계속 들어오고 순환되지 않으면 여기는 그냥 고인 물이 되어버리는 거거든요. 그런데 책 모임이 있으면 새로운 책을 많이 접하게 되고, 새로운 책을 도서관에 비치하고 싶어지니까 순환하게 되죠.

이정희 좋은 책 보면 막 보여주고 싶은 마음이 생겨요. 다들 볼 수 있게 도서

관에 사다 두고 싶은 마음. 책 모임이 계속돼야 그런 마음들도 계속되고, 작은도서관도 오래갈 수 있겠죠. 책에 관심 있는 사람들이 늘 오니까.

도서 구입은 입주자대표회의에서 하시나요?

손도영 입주자대표회의에서 받는 돈은 운영비로만 쓰고요, 구청에서 하는 작은도서관 지원 사업으로 지원금을 조금 받아요. 서울시에서 지원하는 사업도 있고요. 그리고 저희가 도서관협회나 어린이와작은도서관협회 그런 데 지원 사업 있으면 응모해요. 제안서를 내서 선정되면 책 구입비를 지원받을 수 있어요. 그리고 주민들이 기증하는 책들도 있어요.

입대위 보조금 같은 게 없으면
책 구입비는 그런 지원 사업에 선정되어야만
얻을 수 있어요?

손도영 네, 작은도서관 지원 사업에서 도움을 받아야죠. 그거밖에 없어요. 1년에 한 번. 서울시에서 지원받으려면 해마다 평가를 받아야 해요. 저번에 저희가 어떤 지원 사업에 선정돼서 어린이와작은도서관협회 분들이 중간평가를 하러 오셨는데, 저희가 입대위든 어디에서든 돈 안 받고 운영되는 곳이라고 하니까 굉장히 놀라시더라고요. 이렇게 운영되는 것만으로도 대단한 거라고, 꾸준히 하면 좋겠다고 응원해주셨어요.
그런데 저희도 지쳐요 사실은. 다들 아이 엄마이고, 애가 아플 때도 있잖아요. 자원봉사자 밴드를 통해서 "애가 아파요" 하면 당번 바꿔주기도 하는데, 지금 자원봉사자가 계속 부족한 상태예요. SH에서 작은도서관 지은 후 인큐

베이팅 지원사업[1]을 6개월에 끝내지 않고 좀 더 길게 하면 좋겠어요.

조지환 사립도서관 같은 경우에는 순환사서도 안 온대요. 서울시에서 순환사서를 배치해주는데 여기 강서구는 공립도서관만 온다고 하더라고요. 저희가 지금 책을 분류는 할 수는 있는데 저희가 다 감당하기는 벅차요.

최미선 저희는 이런 에어컨 청소도 자비로 다 닦거든요. 에어컨 닦으려면 20만 원 가까이 들어요. 그런 것도 저희가 십시일반 모아서 부담해요. 예전엔 도서관 프로그램도 저희가 무료로 진행했는데, 도서관을 키운다는 목적으로 지금은 프로그램 참가비를 얼마씩 받고 있어요. 안 그러면 저희가 돈 나올 데가 없어서. 그리고 도서관평가에서 계속 A등급을 받을 수 있다는 보장도 없기 때문에⋯. 저희가 그나마 독서동아리에 지원금이 나오고 조금씩 조금씩 사업을 따내는데 그게 언제까지 할 수 있겠어요. 서울시에서는 공립도서관에만 순환사서를 보내지 말고 저희 같은 의욕적인 사립도서관에 도움을 좀 줬으면 좋겠어요.

손도영 작은도서관 운영진들에게 동기부여가 돼야 해요. 안 그러고 "너희들끼리 알아서 해라" 하면 몇 년 유지 못 해요. 작은도서관들이 5년 버티기가 힘들다고 하더라고요. 오죽하면 5년째 접어든 작은도서관에 지원해주는 사업이 있어요. 어린이도서관협회에. 그런데 어디에서든 지원금을 받으려면 높은 등급을 받아야 해요. 오픈 시간, 자원봉사자들 수, 평균 대출 수 등등 다 점수 매겨요.

박주희 근데 사실 등급 안 좋은 도서관들을 지원해줘야 살아나는데 운영 잘

되는 곳만 지원받으니까 안 되는 데는 자꾸 도태되고 문 닫고….

최미선 근데 그런 도서관은 자원봉사자부터가 없어서….

박주희 자원봉사가 안 되면 다른 사서를 넣든지 뭐 지원을 해서 활성화를 시켜야지.

손도영 그리고 여기는 엄마들이 운영하니까 애들이 학교에서 돌아오는 시간에는 문을 닫아야 해서 오후 5시까지만 운영해요. 그러면 중고등학교 애들은 지금 시험 때인데, 이용하고 싶어도 제한받을 수밖에 없단 말이에요. 게다가 고학년 프로그램이 많지 않아요. 거기까지 신경 쓸 여력이 없거든요, 자원봉사 엄마들이. 그럼 이런 문제를 해결하려면 순환 사서분이 와서 "이런 걸 해 봐라" 하고 알려주면 얼마나 좋아요. 우리나라가 점점 책 읽는 애들이 적어진다잖아요. 초등학교 3학년이 정점. 3학년까지 막 읽다가 4학년에서 뚝 떨어진다잖아요. 도서관이 애들의 기호를 못 맞춰주니까 애들이 책에 대한 흥미도 없죠.

작은뜰 도서관을 지키며 더불어 책을 나누는 책거름과 책봄 회원들.
여러 이모들 품에 익숙해진 꼬마 회원 온결이도 함께했다.

자원봉사자 모집하는 데도
어려움 많으시겠어요.

최미선 자원봉사자 모집은 수시로 하는데 그래도 선뜻 오시는 분들은 별로 없어요.

박주희 자원봉사자들 모집하는 게 어려워서 '원데이봉사' 제도를 만들었어요. 저희 도서관에서 운영하는 프로그램을 자녀가 수강하면 그 엄마들이 하루 봉사를 하게끔 하거든요. 이렇게라도 한번 발을 담가보면 '아 도서관 봉사가 이런 식으로 이루어지는구나' 알게 되죠. 몰라서, 쑥스러워서 못 하는 분들도 있으니까요.

조지환 저희가 개인적으로 영업을 해요. (웃음) 저분 왠지 할 수 있겠다 하는 분한테.

최미선 먼저 좀 친해진 다음에 "도서관에서 봉사해볼래?" 그러죠.

손도영 프로그램을 먼저 이용하게 하고. 관심 있으면 오시는 거예요.

인터뷰 초반에, 첫 관장님이
"작은도서관이 오래가려면 자원봉사자들이
책을 사랑해야 한다.
그래서 책 모임을 꾸준히 해야 한다"는 말을 하셨다고,
그래서 책 모임을 시작하게 됐다고 하셨는데
오늘 이야기를 나눠보니 정말 그 말이 사실인 것 같네요.
책을 사랑하는 이들 덕분에 이 도서관이
이렇게 잘 운영되는 것 같아요.
책임감만으로 할 수 있는 일은 아니잖아요?

박주희 그래도, 책임감이 없으면 못 하죠. 물론 재미나고 좋은 건 기본이고요.

이은영 내가 아니면 누가 할까 그 걱정이 되는 거죠.

이정희 빠지고 싶어도 차마 말이 못 나와요. '그만해도 될까요' 이 말이.
(웃음)

최미선 여기 개미지옥이에요. 한번 발 들이면 못 나가요.

박주희 초반에는 도서관에 내려오는 날이 많았어요. 그때는 거의 날마다 도서관에 왔어요. 회의하고, 프로그램 짜고, 장서 관리하고…. 도서관을 살리려고 마을 공동체가 만들어진 거죠. 그렇게 하다 보니까 날마다 여기 출석 도장을 찍어야 하는 거예요. 그러면 신랑들은 그러죠. 뭐 먹고 살판났다고 맨날 그렇게 가느냐고. 그런 소리 들으면서도 내가 안 나가고, 다른 이들도 안 나오고 이렇게 빠지면 문을 닫을 거 같아요. 그런 약간 위기감이 늘 있어요. 내가 빠지면 다른 사람도 다 그럴 텐데 내가 빠지면 술술 빠져나가지 않을까 그런 마음이 있어요.

PART 03 작은 도서관이 숨 쉬는 아파트

최미선 저희는 그래서 그날 일이 있어서 문을 못 열 것 같으면 차라리 문을 닫아버려요. 자원봉사자들한테 부담을 주면 아예 문을 닫을 수도 있으니까. 교대해 줄 사람을 찾아보고 안 되면 공지해서 문을 닫죠.

박주희 단지 사람들이 거의 다 가입한 밴드가 있거든요. 거기에 공지를 올려요.

최미선 하루 정도는 다들 주민들도 조금씩 참으세요.

박효정 그래도 부담감만 있는 건 아니에요. 주인의식도 있어요. (웃음) 주인의식이 있기 때문에 주민들에게도 "도서관에 오세요" 얘기할 수 있죠. 내 도서관은 아니지만, 권할 수 있는.

> 자기 품을 팔아 작은도서관을 지켜온 이들의 잔소리는
> 작은도서관이 마을공동체의 모체로서 기능하길 바라는 값진
> 쓴소리로 들렸다. 이들이 좀 더 편하게, 맘껏 책을 사랑할 수
> 있게 되면 좋겠다.

두 팀이 오랜만에 함께 모여서 그런지 책 이야기가 술술 이어졌다. 원래는 팀별로 책을 정해서 한 주에 한 권을 읽고 깊이 나누는 시간을 가진다고 한다. 오늘은 특별히 다 같이 그림책 한 권을 읽고 이야기를 나누기로 했다. 지환 씨가 『뛰어라 메뚜기』를 펼쳐 낭독했다. 마지막 장을 덮자 책 이야기가 또 물꼬를 틔웠다. 그들이 주고받은 이야기 한 토막을 그대로 전한다. 작은뜰도서관은 이렇게 책을 사랑하는 이들의 대화로 하루하루 숨을 쉰다.

김은송 멀리서 보니까 그림이 괜찮네. 가까이서 볼 땐 좀 비호감이었는데.

이정애 멀리서 보니까 생동감이 넘치네. 그리고 좀 극대화되는 것 같아. 가로로 긴 판형에다가 뱀도 이렇게 길게 표현하니까 애들이 보면 확 공포감을 느낄 것 같아.

한충희 뛰는 것도 역동적으로 느껴지고. 바위에 부딪혀 산산조각이 나는 모습 봐.

권미은 어떻게 보면 잔인한데. (웃음) 메뚜기가 밑으로 기어갈 수도 있는데 대담하게 뛰어가잖아. 세상하고 맞서는 이야기야. 힘은 약하지만.

손도영 날아오르는 게 한 송이 꽃 같아. 구름을 뚫고 날아오르는 게.

한충희 그렇게 날아올라서 여자친구 만나는 거로 끝났어. (웃음) 사랑을 쟁취했어.

서경화 애들은 되게 좋아하더라고. 메뚜기 책, 메뚜기 책 그러면서 찾더라니까.

이정희 나는 이 장면을 우리 아들한테 많이 보여줬거든. 나뭇잎 표현하는 방법이 되게 여러가지잖아. 아이가 이걸 그대로 따라 그리지는 못하지만 이런 표현 방법도 접해서 나뭇잎 그릴 때 이렇게도 표현해보면 좋겠다 싶은 그런 욕심에. (웃음)

박효정 저희 처음에 이거 읽었을 때 제목이 이상하다고 했잖아. 원본은 날아라 메뚜기였잖아.

이은영 애가 안 쓰던 날개를 펴서 날아오르는데 '뛰어라'라고 하니까.

손도영 번역의 한계인가?

서경화 우리는 메뚜기는 뛴다고 생각하니까 그런 게 아닐까.

손도영 이 작가도 평화그림책 작가잖아. 자연을 사랑하고 전쟁을 싫어하고. 이 작가 그림은, 이 책은 되게 따뜻했는데 『내 목소리가 들리나요』 그건 되게….

박효정 나는 일본 사람이 그걸 쓴 게 싫어. 되게 얄미워. 너무 얄미워. 자기가 피해자가 아니잖아.

손도영 나는 근데 일본사람들도 피해자라고 생각하거든. 그 사람들도 원폭 피해자이기도 하고 그걸 배경으로 쓴 거잖아.

이은영 그런 식으로 교육하는 거지. 우리도 피해자다 그런 식. 그 사건의 발단은 자기들인데 그건 생각 안 하고.

이정희 본질은 제외하고.

손도영 관장님이랑 책읽기 하던 습관이 배서 책 한 권 읽으면 이렇게 전쟁 얘기도 나오고, 평화그림책 얘기도 나오고, 위안부 할머니 얘기도 나오고 그러네.

"작은도서관을 지키면

마을이 살아납니다 "

장서 관리부터 바자회 개최까지

강남한신휴플러스6단지 밤토리지킴이

interviewee

권혁란(고문), 나복순(회장), 지은혜(총무), 박미경, 이희문, 허지선 밤토리지킴이
박소희, 주현숙, 홍상구, 홍라희 알뜰장터에서 만난 이들

부녀회도, 노인회도 없는 강남한신휴플러스6단지 [1]. 이 단지의
유일한 자생 단체는 '밤토리지킴이'다. 아파트 작은도서관인
'휴플러스 밤토리도서관'의 활동가들 이십여 명으로 구성됐다.
운영위원, 자료선정위원, 외부자문위원까지 있다니, 튼실한
알밤보다 알차게 구성돼 있어 좀 놀랐다. 신생 단지이고,
도서관이 운영된 지도 한 해가 채 되지 않았는데 꽤 오래된
도서관만큼이나 연륜이 묻어나는 기획들이 곳곳에서 돋보였다.
입주민들이 기증한 책을 원하는 가격으로 사 갈 수 있는
'자율판매' 코너, 자원봉사자들 없이 이용자 스스로 대출과
반납을 진행하는 날인 '자유열람일', 책 읽는 엄마 아빠를 위한
다양한 '부모독서교육' 강좌 시리즈, 구에서 유일하게 선정되어
진행 중인 '책친구' [2] 프로그램, 도서관과 친해지게 하기 위한
'영화상영회' 등 전국 아파트 작은도서관들이 참고하면 좋을
실험적인 운영 모델과 프로그램들을 접할 수 있었다.
밤토리지킴이를 만나러 간 날은 이 아파트의 첫 알뜰장터가
열린 날이었다. 물론 이 장터 역시 밤토리지킴이가 기획한
행사다. 시를 사랑하는 권혁란 고문, 넓은 인맥의 소유자인
나복순 회장, 밤토리의 팔방미인 지은혜 총무, 언제나 스마일인
이희문 님을 만나러 도서관에 갔다. 휑. 도서관엔 아무도 없었다.
모두들 도서관에서 장터로 장터에서 도서관으로 다니며 행사
가꾸기에 바빴다. 장터로 나가니 지은혜 총무와 나복순 회장은
참여자들을 도와주느라 분주했고, 이희문 님은 핫도그를 파느라
말 붙일 겨를이 없어 보였고, 권혁란 고문은 아이들의 질문에
답하며 눈 맞춤에 열중했다. 한숨 돌린 듯한 지은혜 총무와

나복순 회장과 드디어 인터뷰를 시작했다.

**주말이라 그런지 가족 단위로 나오신 분들이 많네요.
작은도서관 운영진들이 어떻게 바자회까지
열 생각을 하셨나요?**

지은혜 이 아파트가 입주 시작한 지 1년이 지났는데 아직 우리 단체 말고는 자생 단체가 없어요. 경로당도 없고, 부녀회도 없어서 저희 도서관 지킴이들이 그런 역할을 다 하고 있어요. 아이 엄마들이 아기용품이나 장난감 등을 서로 나누고 싶어 하시는데 그런 행사를 주도할 단체가 없다 보니 저희가 도맡아 진행하게 된 거죠.

나복순 작은도서관 활동가들이나 이용자들 중에 아이 엄마들이 많은데 그분들이 도서관 오시면 그런 필요를 많이 얘기하셨어요. 그래서 작년 말부터 바자회를 해야겠다고 생각은 했는데 회장님 바뀌고 이러저러한 일들이 많아서 미뤄지다가 드디어 하게 되었네요.

**총무님은 여기서 언제부터 계셨어요?
처음 시작할 때부터 계속 같이하셨어요?**

지은혜 네. 작년 7월에 첫 모임을 했어요. 입주할 때부터 도서관 건물은 지어져 있었는데, 언제 문 여나 궁금해 하던 차에 자원활동가를 모집한다는 소식을 들었어요. 제가 책을 많이 읽는 편은 아니지만 그래도 책 읽는 걸 좋아해서 이사 다닐 때마다 그 동네 도서관에 회원으로 등록해서 책을 빌려보곤 했

알뜰장터에서 물건을 파는 주민들과 물건을 사는 주민들이 뒤섞였다.
한편에서는 떡볶이와 부침개가 냄새로 주민들을 불러모으고, 또 한편에서는 밤토리동시전에
제 작품이 걸린 아이들이 엄마아빠를 밖으로 나오게 했다.

거든요. 그런데 여기로 이사 왔더니 단지 안에 도서관이 있는 거예요. 굉장히
반가웠어요. 어떻게 아파트 안에 도서관이 있을까 하고 놀라웠고요. 그래서
빨리 도서관 문 열었으면 좋겠다 싶었는데 주민들 중에서 활동가를 모집한다
고 하니까 제가 해보고 싶다는 생각이 들었어요. 첫 모임에서 관장님과 첫 만
남을 하고 그때부터 지금까지 계속하게 됐죠. 그때부터 쭉 같이해온 분들도
계시고, 중간에 들어오신 분들도 계시고 그래요.
도서관에 '자원활동가 조직 및 활동 내용' 표가 있더라고요. 운영위원, 자료

선정위원, 외부자문위원까지 모두 스물한 분이시더라고요. 교육학이나 아동학 전공하신 분들도 더러 계시고. 구성이 굉장히 체계적이고, 또 도서관을 내실 있게 가꾸려는 분들이 많이 모이신 것 같아요.

나복순 네, 작년 7월부터 6개월 동안 저희 도서관에 파견된 관장님께서 꼼꼼하게 체계를 잡아주셨어요. 덕분에 작은도서관 운영 평가 때 1등급을 받기도 했고요. 지난달까지 축하 현수막도 걸어놓았었어요. (웃음) 저희 단지에 재능 있는 인재들이 많아요. 그렇게 숨은 인재들이 많이 참여해 주셔서 감사할 뿐이죠.

아파트에 숨은 인재들은 정말 숨어만 있는 분도 많잖아요.
이런 자원봉사 활동에 참여하는 게 쉽지 않은데,
자원활동가는 어떻게 모집하셨어요?

지은혜 저희도 홍보를 하려고 많이 노력해요. 엘리베이터 게시판도 적극적으로 활용하고, 영화상영 같은 행사를 열어서 홍보하기도 해요. 도서관 영화상영 때 육십여 명이나 오셨어요. 이런 행사에 많이 참여해 주실까 걱정했는데 생각보다 많이 오시더라고요. 작년 11월에 개관식 할 때는 이백여 명이나 오셨고요.

와, 책을 사랑하는 분들이 많이 사는 아파트네요.
대표적으로 운영하셨던 독서문화프로그램은 무엇인가요?

지은혜 올해 5월에 책친구 사업에 신청했는데, 강남구에서 저희 단지가 유일하게 당선됐어요. 당선되면 작은도서관에 책친구라는 독서문화 프로그램 강사가 파견되는데, 저희는 유아와 초등학생을 대상으로 동시를 감상하고 표현하는 프로그램을 기획했어요. 책친구 강사님이 한 달 정도 하셨는데, 올해 말까지 진행돼요. 아이들이 제일 많이 왔을 때는 이십여 명 왔어요.

아이들이 책과 더 친해지는 계기가 되었나요?

나복순 네. 도서관에 자주 오는 애들은 단지에서 저를 알아보고 "도서관에서 요즘 재밌는 거 안 해요?" 물어보기도 하고, 도서관 문 닫혀 있으면 도서관 언제 여느냐고 물어보기도 하고 그렇게 관심을 두고 좋아해 줘요.

책친구 사업은 어떻게 알고 신청하셨어요?

지은혜 제가 총무다 보니까 작은도서관협회 카페에 가입해서 정보를 수시로 확인해요. 도곡정보문화도서관에서도 그런 정보를 많이 주시고요. 거기가 작은도서관들 관리해 주는 거점도서관 역할을 하더라고요. 거기서 보고 신청했죠.

강남구에서 유일하게 선정된 걸 보면
'밤토리도서관'이 뭔가 특별한 곳이 아닐까요?
선정 비결이 무엇인 것 같아요?

지은혜 글쎄요, 저희가 운영 기간은 짧지만, 이것저것 많이 벌였던 터라…. (웃음) 하브루타 독서교육도 하고, 영어 독서지도 교육도 하고, 영화 상영회

나 책 읽는 밤 행사나 뭐 그런 프로그램을 많이 했었어요. 독서 동아리, 손재주 동아리, 서예반 같은 소규모 동아리들도 운영했고요. 또 여러 운영위원들이 아이디어를 내서 도서관을 활성화하려고 많이 애쓰고 있고요. 그런 걸 상세히 적어서 냈는데 그 덕분인가 싶어요.

> 이런 다양한 프로그램을 기획할 수 있던 데에는 관장님뿐
> 아니라 권혁란 고문의 아이디어도 한몫하지 않았을까 싶었다. 두
> 사람의 인터뷰를 마치고, 도서관에서 권혁란 고문을 만났다.

아파트 작은도서관에서 고문으로 활동하시는 분은 처음 뵈어요. 어떤 역할을 하시는지 궁금해요.

권혁란 작은도서관과 관련된 일들을 전반적으로 총괄하는 거예요. 전체적으로 프로그램 기획하고, 다양한 아이디어를 보태는 역할이에요.

이 알뜰장터도 선생님께서 기획하신 건가요?

권혁란 많은 이들의 의견을 모았죠. 저희가 신생 단지인 데다가 아직 자생 단체도 없잖아요. 이 시점에서 한 번쯤은 주민들의 참여도를 높여서 유대관계를 높여줄 행사가 필요하다고 생각했어요. 예전부터 계획은 했지만 사실 좀 늦었어요. 원래 봄이나 가을에 해야 하는데, 시기적으로 장마철이 됐지만 강행했는데 하늘이 도왔어요. 너무 덥지도 않고, 약간 흐린데 비는 안 내리니 다행이죠.

어떠세요,
이렇게 마을 주민들이 함께 어우러지는 장이 마련됐다는 게
선생님께는 어떤 의미인가요?

권혁란 너무 좋은 일이죠. 이렇게 해서 서로 나누고…. 여기 도서관의 존재가 더 확인되는 느낌도 있고요. (작은도서관이) 정말 잘 기능을 하고 있구나 뭐 이런 것들을 확인받는 것 같아요. 또 책임감도 있어요. 다른 자생 단체가 없기 때문에 저희가 먼저 나서서 이 일들을 해내야 한다는 책임감.

선생님을 알아보는 아이들이 많은 것 같아요.
선생님께서도 아이들에게 이름 부르며 인사도 해 주시고,
도서관 고문 활동하시면서 친해지셨나 봐요.

권혁란 네, 그냥 아이들 한 명 한 명 입력이 되더라고요. 다 서로 알고, 카톡에 단체사진 올라오면 누구누구 아는 이름 제가 적어보기도 하고. 어떤 애들은 저를 할머니 선생님이라 하고, 어떤 애들은 그냥 선생님 하고 부르고요.

밤토리도서관, 그리고 이 아파트 주민들의 화합을 위해
특별히 노력하신 게 있다면 무엇인가요?

권혁란 도서관 프로그램도 있지만, 아파트 단지 내에서 함께 인사 나누면서 교류하고 그냥 얼굴 보면서 따뜻한 미소를 나누는 일, 그게 가장 쉬우면서도

중요한 일이에요. 나눔에는 물질도 있겠지만, 마음을 나누는 게 먼저라고 생각해요. 도서관 프로그램을 잘 운영하는 것도 중요하지만, 눈빛, 미소, 목소리, 아는 척, 터치 뭐 이런 것들이 먼저 이뤄져야죠. 제가 그런 걸 좋아해요. (웃음) 근데 제가 몸이 아파서 많이 절제하고 있고. 지금도 항암치료 받은 지 사흘밖에 안 됐거든요. (웃음) 제가 이렇게 나올 수 있으면 오늘이 최고다 생각하고 열심히 하고 있어요. 나중 일은 생각 안 해요.

활동가분들이랑도 굉장히 친하신 것 같아요.
다 같이 식사도 하시고, 도서관 업무로 만나는 것 외에도
사교 모임도 갖고 그러세요?

권혁란 네, 가끔 집으로 부르기도 하고, 함께 차 마시고 그래요. 먹을 거 있으면 우리 집에 오라고 하죠. 누가 아프다 그러면 전화해서 안부 묻고. 내가 아파보니까 알잖아요. 먹을 거 있으면 좀 먹어보라고 하고 싶고. 정말 이웃인 거죠.

활동가들 간의 관계도 그렇지만,
활동가들이 주민들에게 느끼는 신뢰 역시 두터운 것 같아요.
주민들이 기증한 책을 원하는 가격으로
가져가라고 만든 '자율판매' 코너에는 따로 지키는 이가 없더라고요.
오늘도 '자유열람일'이어서 봉사자 없이
도서관 개방하셨다고 들었고요.
분실이나 도난에 대한 걱정도 있으셨을 텐데,
어떻게 이렇게 운영하시게 됐나요?

권혁란 신뢰를 바탕으로 해야죠. 입주민들이 이용하는 도서관이니까. 여기 오는 아이들도 다 서로서로 아는 사이고, 또 스스로 판단하고 이용할 수 있는 아이들이고요….

(도서관 입구 벽면에 쓰인 문구를 보며)
저 문구는 누가 쓰신 거예요?

권혁란 제가 정말 좋아하는 글귀여서 제가 투자해서 해 놨어요. "좋은 책을 읽는 것은 지난 몇 세기의 가장 훌륭한 사람들과 대화하는 것과 같다(The reading of all good books is like a conversation with the finest minds of past centuries). 데카르트의 말이죠. 어때요, 좋은 것 같아요? (웃음) 여기서 잠깐 쉬고 계세요. 옷 기증하신 분과 얘기 좀 하고 올게요. 여기 커피가 있는데 드셔도 돼요.

> 도서관 장서를 둘러보는데 야무지게 생긴 한 여자아이가
> 들어왔다. 도서관을 구경하는가 싶었는데 책을 살피고 그냥
> 나가려는 모양새다. 맘에 드는 책이 없냐고 물으니 책을 빌리러
> 온 게 아니라고 한다. 도서관이 잘 있나 둘러보러 왔다 한다.
> 어른보다 더 어른스러운 이 아이는 어제 막 자원활동가로
> 등록한 열한 살 박소희 양이었다.

박소희 저 어제 자원활동가 신청했어요! 방학 기간에는 할 게 별로 없고 심심하니까 일요일마다 가서 책도 읽고 봉사활동도 하면 좋을 것 같아서요. 이건 나이 제한이 없어요. 집에서 혼자 있는 것보다는 가서 책도 읽고 사람들 없을

때는 숙제도 할 수 있으니까 좋잖아요. 책을 빌리거나 반납하는 사람들이 있으면 빌려주고 반납해주고, 반납한 사람 책은 책꽂이에 정리하는 일이에요. 그리고 책 정리도 하고요. 어제 조금 연습해 봤는데 어렵지는 않았어요.

> 소희는 알뜰장터에서 물건을 파는 중이었다며 얼른 가 봐야 한다고 했다. 소희를 따라 장터로 나섰다. 알뜰장터 한켠에 마련된 '밤토리 동시전'에는 책친구 프로그램으로 참여한 아이들이 쓴 동시가 전시되어 있었다. 소희도 '책친구'에 참여했느냐고 물었더니 자기 작품을 가리킨다.

박소희 시도 지어보니까 재밌었어요. 정답 없이 그냥 자기 마음대로 쓴 거라서 좀 이상해도 걱정되지 않고 신나게 자유롭게 할 수 있었어요. 제가 아는 이모가 작은도서관에서 책친구 한다고 문자를 줘서 갔는데 한번 해보니까 재밌어서 계속하게 됐어요.

소희는 작은도서관을 정말 사랑하는구나.
앞으로도 작은도서관에 계속 올 거지?

박소희 당연히 계속 올 거죠. 책도 빌리고 무슨 행사 같은 거 있으면 오고, 또 친구랑 숙제할 거 있으면 도서관 가서 숙제도 하고, 그런 거 하려고 많이 올 거예요. 저는 책 읽는 거 싫어했는데, 만화책을 좋아하면서 책을 좀 읽게 되니까 재미 붙여서 책을 읽게 됐어요. 최근엔 『마법천자문』을 제일 재밌게 읽었어요.

오늘 알뜰장터에서 물건 파는 것도
스스로 준비한 거야?

박소희 집에 필요 없는 것들 가져와서 파는 거예요. 버리기는 아깝고 그냥 주기는 좀 그런 거를 파니까 뭔가 돈도 벌고 사람들이 좋아하는 모습 보니까 뿌듯해요. 그럭저럭 많이 판 것 같아요.

도서관을 자주 드나드는 아이여서 그런가, 원래 자립심이
강한 아이인가. 자기가 할 수 있는 일을 찾아 아파트를 누비는
소희에게 작은도서관은 어떤 의미일까. 아무튼 소희를 만난
건 참 다행스러운 일이었다. 밤토리지킴이의 활동들이 얼마나
보람된 일인가를 증명해 보이는 산증인이 아닌가 하는 생각이
들었다.

알뜰장터 참여자 중에 단연 돋보이는 한 남자가 있다. 이희문 씨가 판매하는 핫도그가 절찬리에 팔리고 있어서이기도 했지만, 주말 행사에 남자들의 참여가 이렇게 저조함을 방증하는 일이기도 했다. 그는 밤토리지킴이 활동가이자, 지은혜 총무의 옆지기다. 부부의 도서관 사랑이 대단해 보인다.

핫도그가 불티나게 팔리네요.
주말마다 도서관 봉사활동 하신다고 들었어요.
힘들지 않으세요?

이희문 아파트에서는 주민들과 소통할 일이 많지 않은데요, 이렇게 장터가 열리면 한 번이라도 더 만날 수 있으니까 좋잖아요. 평일에는 저도 일을 해야 하니까 일요일에 나와서 열람실 운영하는데, 격주로 네 시간 정도 하니까 크게 부담 없어요.

도서관 운영은 어렵지 않나요? 일반인들도 쉽게 할 수 있나요?

이희문 대출이나 반납은 전부 전산으로 처리해서 어렵지 않습니다. 처음에 활동가 몇 분이 먼저 이런 도서관 운영 방법을 교육받으시고 나머지 활동가분들한테 전달하는 방식으로 운영했습니다. 자원봉사 수준으로 누구나 할 수 있습니다.

주말에 시간 내서 봉사하시는 까닭은 무엇인가요?

이희문 아무래도 휴일이다 보니까 가족 단위로, 엄마 아빠랑 같이 와서 책 보는 아이들이 주로 많이 오는데, 도서관이 없으면 안 되죠. 도서관이 책을 읽는 공간으로서도 기능하지만, 주민들끼리 소통하는 공간이잖아요. 그걸 지키는 사람으로서 보람을 느낍니다.

앞으로 바라는 점이 있다면 말씀해주세요.

이희문 책 외에도 문화라든지 어떤 교류할 수 있는 부분들을 많이 찾을 수 있으면 좋겠습니다.

> 이희문 씨 옆에서 '열 받는' 분들이 계셨다. 이 더운 여름에
> 부침개 부치고, 떡볶이를 만드느라 제대로 열을 받고
> 계셨다. 부침개 담당 주현숙 씨는 나복순 회장의 요청으로
> 일일 자원봉사를 나오신 분이고, 떡볶이 담당 허지선 씨는
> 밤토리지킴이 중 한 분이다.

주현숙 저는 여기 입주민은 아니고 회장님 요청으로 봉사 나온 거예요. 자원봉사자들이 좀 부족하다고 하셔서. 저도 도서관 행사 열어봐서 회장님 마음을 잘 알아요. 정말 자원봉사자 구하기가 제일 어려워요. 이런 거 하라면 절대 안 해요.

나복순 일종의 자원봉사 품앗이죠.

주현숙 우리 아파트 행사할 때는 이 회장님이 엄청 도와줬어요. 저는 잠실6동. 정말 힘들어요. 제가 해서가 아니라 정말 제일 힘든 게 그거예요. 젊은 엄마들은 애들이 어려서 못하고, 애들이 크면 놀러 다니느라 못 하고. 봉사가다른 게 아니고 시간 빼는 거거든요. 일주일에 한 번씩 시간 내는 게 제일 힘들어요. 작은도서관이 많이 생기고 활성화되면 참 좋죠. 문제는 봉사자예요. 이런 걸 젊은 엄마들이 하면 좋잖아요. 저도 맨 처음에 시작한 게 아이 초등학교 다닐 때 우리 애를 도서관에 가서 책 읽게 하고 싶어서였거든요. 지금 걔가 대학생이에요. (웃음) 오는 엄마들한테 자원봉사 해달라고 부탁했는데, 다 애들 어리면 커서 하겠다고 그러고 막상 아이가 크면 여기저기 다니느라 바빠서 안 하죠. 그것 말고는 크게 힘든 게 없어요. 대부분 책을 좋아하시는 분들이라. 근데 이런 것(장터에서 음식 만드는 것)까지 하라면 더 안하지. 내가 잘 알기 때문에 해봤기 때문에 여기 왔죠. 도움이 필요하다는 걸 아니까.

허지선 제가 작은도서관에서 모이는 손재주 동아리 회원이어서 자주 도서관에 나오다 보니까 자원봉사자를 항상 모집하시더라고요. 자원봉사자가 많이 필요하다는 걸 옆에서 보니까 저도 안 나올 수가 없더라고요.
손재주 동아리는 우리 단지에 손재주 있는 분들을 강사로 모셔서 주민들과 재주를 나누는 모임이에요. 처음에 코바늘뜨기했고요, 그다음에 핀 만들기, 아이들 장난감 만들기, 모기 퇴치제 만들기 했어요. 우리 생활에서 필요한 것들을 주로 만들었어요. 재료도 공동구매해서 저렴하니까 부담 없죠. 아 떡볶이는 이제 이게 마지막이에요. 다 팔렸어요. (웃음) 다른 활동가분들이랑 같이 돌아가면서 봉사하니까 별로 안 힘들어요. 다들 부담 없이 하라고 하시고. 개인이 너무 희생해야 하는 건 지양하고 서로 기꺼이 즐겁게 할 수 있는 만큼만 하기로 했어요. 그게 봉사 오래 할 수 있는 길 아닐까요?

이번엔 다섯 살 딸과 함께 장터에 참여한 박미경씨에게 말을 건넸다. 물건 팔랴, 아이 돌보랴, 쉴 틈이 없어 보여서 말 붙이기가 죄송할 정도였다. 그런데도 얼마냐고 묻는 주민들에게 시종 미소를 잃지 않고 답했다. 미경 씨 옆에서 물건을 팔던 주민은 그녀가 작은도서관에서 아이들을 가르친 적이 있다며 자랑 좀 하라고 부추겼다. 그녀가 부끄러운 듯 말을 꺼냈다.

박미경 작은도서관에서 일곱 살 유아랑 초등학교 저학년 학생들 대상으로 한자교실 진행했어요. 일본어를 좀 할 줄 알아서…. 한 여섯 명 정도 참여했어요. 돈은 따로 안 받고 재능기부로…. 지금은 못 하고 있고요. 아이가 다섯 살이라, 어디 맡겨야 하는데 맡길 데가 없어서 옆에 두고 했더니 좀 정신이 없었어요. 주민들이 원하시면 앞으로 일본어 교실도 한번 해보고 싶어요. 우리 작은도서관에서 좋은 프로그램을 많이 해 주시니까 참 좋죠. 저도 이런 알뜰장터 행사는 처음 참여하는 건데 되게 좋네요.

1 강남한신휴플러스6단지에 찾아온 변화
아무 자생 단체가 없던 단지에서 밤토리지킴이가 터를 잘 닦아놓은 덕분인지, 인터뷰 이후 한두 달 정도 지나 노인회가 구성되고 경로당이 문을 열었다는 소식을 접했다. 취재 시 이야기를 그대로 전하기 위해 원고를 고치지 않고 그대로 두었음을 밝힌다.

2 책친구 사업
문화체육관광부가 주최하고 (사)어린이와작은도서관협회가 주관하는 <작은도서관 책친구 사업>은 선정된 작은도서관에 '책친구'를 파견하고 독서문화화프로그램을 기획, 운영하도록 지원한다. 책친구는 60세 이상의 사서 및 교사 등 전문직 은퇴자로 작은도서관 활동에 의지가 있는 분 또는 작은도서관 독서문화기획 자원활동을 한 경험이 있는 자원활동가로 구성된다.

"아이들이 책을 중심으로 행복을 느꼈으면 좋겠다
싶었죠. 저는 아이들을 보물이라고 그러거든요.
항상 보물이라고 불러요. 실제 제 마음이 그렇고.
어른으로서 어떤 역할을 해야 한다는 생각을 늘 했죠.
책은 우리 삶에서 떠날 수가 없잖아요. 그렇게 책과
함께 아이들이 중심이 되면 좋겠다.
그게 사람과 사람 간에 유대감을 생기게 하니까요."

권혁란 고문의 이야기에는 밤토리지킴이의 철학이 담겨 있는
듯했다. 사람과 사람 간에 유대감을 생기게 하는 일, 주민들의
보물을 지키는 일, 이런 일을 기꺼이 하는 사람들의 마음이 삭
막한 아파트 공화국에 온기를 더한다.
이들이 돈도 대가도 바라지 않고 아파트 작은도서관을 지키는
까닭을 다시 새겨 본다.

우리
아파트에는
이야기가
산다

4

재능도 찾고

친구도 찾는 아파트

건강 찾고, 이웃 찾고,
꿈도 찾는 탁구 동호회
**중계목화아파트
목화탁구회**

재능기부로
손재주를 기르는 만들기
두레
**서초포레스타6단지
똥손의모험**

interviewee

박성수 목화탁구회 총무
목장옥 목화탁구회 코치
김무곤, 김채령, 최진화, 익명 회원들 목화탁구회에서 만난 사람들

　　　　　　　　　　PART 04 재능도 찾고 친구도 찾는 아파트

" 누구를 따돌리면
그 사람은

아웃입니다 "

건강 찾고, 이웃 찾고, 꿈도 찾는
탁구 동호회

중계목화아파트
목화탁구회

혼밥, 혼술, 혼영… 혼자 밥을 먹고, 혼자 술을 마시고, 혼자
영화를 보는 나홀로족이 늘면서 혼자 하는 운동, '혼운'
역시 인기다. 개인 트레이닝, 수영, 스쿼시, 요가, 클라이밍….
그런데 대세를 거슬러 꼭 짝이 있어야만 할 수 있는 운동으로
동호회를 꾸려, 회원만 160명이 넘는 아파트가 있다. 목화아파트
목화탁구회는 2014년에 문을 열어 혼운의 인기를 비웃듯
회원수를 늘려 왔다. 입소문이 자자해 이웃 아파트 탁구회로부터
질투를 받을 정도다. 누구보다 목화탁구회를 사랑하는 한 남자,
박성수 총무를 먼저 만났다.

박성수 제가 여기 목화탁구회 총무로 활동한 게 이제 한 4년째네요. 2014년
도에 시작했어요, 2014년 8월 1일. 제가 총무 맡기 전에 여성 두 분이 운영하
셨는데 여러 사정으로 못 하시게 돼서 제가 맡게 됐죠. 처음에 어려움이 많
았어요. 그때는 회원도 스무 명 정도밖에 안 됐어요. 초창기에는 여기가 지금
처럼 마루가 아니고 시멘트 바닥이었어요. 그 딱딱한 바닥에서 치면 무릎에
무리가 많이 가거든요. 그것도 다 고쳤죠, 마루로. 지금은 등록회원이 한 160
명 돼요. 인원이 많이 붙었고, 또 잘 치는 분들도 많이 계시고요.

스무 명에서 160명으로 회원이 늘었다면
뭔가 비결이 있을 것 같은데요,
이렇게 활성화된 배경이 무엇이라고 생각하세요?

박성수 솔직히 다른 데보다는 우리 목화탁구회가 저렴하고 또 환경이 깨끗
할 거예요. 노원구 쪽으로 보면 아마 저희 같은 탁구장 없을 거예요. 사설 탁

구장에서 치던 분들도 여기로 오실 정도예요. 왜냐면, 여기가 환경이 더 좋으니까요. 이렇게 하면 제가 자랑하는 것처럼 보이는데, 제가 지저분한 걸 되게 싫어하거든요. 항상 쓸고 닦고 깨끗하게 해 놓으려고 노력합니다. (웃음) 저희는 코치도 별도로 두고 있고요. 이북 선수 출신이셔서 실력이 아주 좋고, 코치가 잘 가르치니까 사람들도 많이 오시죠, 저분한테 배우려고. 그래서 입소문이 나니까 다른 단지에서도 많이들 오세요. 또 저희는 장비도 잘 갖췄어요. 저기 탁구공 자동 발사기도 있고, 여성전용 탈의실도 별도로 있고요. 좁은 공간이지만 있을 건 다 있어요.

목장옥 코치(오른쪽)는 쉴 틈 없이 탁구를 가르친다.
실력 좋은 선생님에게 탁구를 배우려는 제자들이 줄을 섰다.
그녀가 바로 목화탁구회의 인기 비결 중 하나다.

아무리 시설이 좋더라도 멀리 있으면 발길이 뜸해질 수 있는데,
여기는 다른 단지에서도 많이들 찾아오시더라고요.
회원들을 관리하는 특별한 방법이 있으신지,
회원들끼리 유대관계가 잘 형성되어서 그런 건지 궁금해요.

박성수 네, 회원 시스템이 아주 잘돼 있어요. 저희는 탁구만 치고 끝나는 탁구장이라기보다 취미를 공유하는 동호회 같은 곳이거든요. 예를 들어, 두 달에 한 번씩 회원들끼리 정기시합을 합니다. 달마다 하면 좀 부담될 수 있어서 두 달에 한 번씩 회원들이 친선경기를 하거든요. 모여서 간단한 다과회도 하고, 소정의 경품도 좀 드리고요. 또 토요일마다 잘 치는 고수 분들이 나오셔서 초급 수준인 분들을 개별적으로 가르쳐줘요. 한 시간 반씩 다 무료로. 이렇게 가르쳐주고 배우는 시스템이 잘돼 있어서 회원들이 정말 좋아하시죠. 회원들끼리 사이가 좋아요. 저희가 어려움이 있으면 회원들에게 공지합니다. 회원들이 조금씩 협찬을 해 주시기도 하고요. 같이 자원봉사도 나가고 그래요. 삼복

더위 때는 어르신들 삼계탕을 해드린다거나 김장철에는 김장도 해드리고 그런 봉사도 다 같이 해요. 공동체죠, 공동체.

이렇게 회원들이 늘어나면 주변에 다른 탁구장에서
질투를 많이 하시겠는데요?
거기는 회원들이 줄어들잖아요.

박성수 근처에 미성아파트라고 있는데 거기에도 탁구장이 있고, 무지개아파트에도 탁구장이 있고, 현대아파트에도 탁구장이 있어요. 중계2동, 3동, 하계1동 주민센터에도 다 탁구장이 있어요. 근데 저희가 잘 운영되다 보니까 다른데가 잘 안 되는 거예요. 환경이 좋고 깔끔한 데로 사람들은 몰리게 돼 있잖아요. 그러다 보니 사실 질투도 좀 하셨을 거예요. 또 대항전 하면 저희한테안 되는 거예요. 이번에 미성아파트 탁구장에서 저희한테 도전장을 냈어요.

아 다른 아파트 탁구동호회와도 시합하시는군요.
그럼 시합하면 거의 다 이기시겠네요?

박성수 이때까지 보면, 저희가 대항전을 많이 했는데 거의 전승을 하지요. 실력 차이가 나니까…. 입소문이 많이 날 수밖에 없어요. 우리가 잘 치시는 분들이 많다고 했잖아요? 탁구동호회는 각 클럽마다 대항전을 한 번씩 하거든요. 겨뤄보고 이기는 사람들한테 어디서 탁구를 배워서 치느냐 하면 저희 목화탁구회 이름을 대니까 아무래도 입소문 타게 생겼죠. 그러면 자꾸 사람들이 오는 거예요. 저희는 한 달에 평균 나오는 회원이 80명 정도 됩니다. 등록회원은 160명 정도이지만, 달마다 정기적으로 나오시는 분은 7~80명 나오니다. 운영이 잘되는 편이에요. 여기는 사설 탁구장처럼 이윤을 창출하자는 건 아니고, 이건 주민운동시설이니까 복지가 좋죠. 값이 저렴하고 월 회비는 2만 원. 상당히 저렴한 가격이에요.

그럼 선생님 인건비나 운영비는
동대표회의로부터 받으세요? 회비로만 충당되나요?

박성수 인건비요? 다 자원봉사예요.

자원봉사요?
그럼 날마다 보수 없이 나오셔서 청소하고,
관리하고 다 맡아서 하시는 거예요?

박성수 네. 여기 청소하고 뭐. 실은 솔직히 월 2만 원에 100명이 나온다고 쳐도 2백만 원밖에 안 됩니다. 여기 전기세, 물세, 에어컨, 커피 비용 일체 회원 비로 나가거든요. 여기서는 공도 다 지급해요. 다른 탁구장 가면 시합하고 연습하는 공도 다 본인들이 가져오거든요. 우린 여기서 공을 다 지급해요. 공 비용도 만만치는 않거든요. 120개에 7만 원씩 하는 거예요. 그런 비용들도 다 회비로 나가고. 인건비 따로 안 드니까 가능하죠.

회비로 운영비가 다 충당이 된다고요?

박성수 네. 회비로 그렇게 충당이 되니까 운영이 되는 거죠. (웃음) 여기 보면 봉사하는 분들이 꽤 돼요. 다 자원봉사 형식으로 이렇게 해주고. 저도 하는 사업이 있지만 짬 내서 나오는 거예요.

와, 열의가 대단하세요.
목화탁구회에 대한 의리로 이렇게 보수도 안 받고
열심히 활동하시는 건가요?

박성수 워낙 탁구 마니아고, 탁구를 좋아하다 보니까 계속하는 거죠. 제가 탁구 하기 전에 70킬로가 넘게 나갔어요. 탁구 3년 하고 지금은 58킬로인가, 한

66

탁구라는 게 혼자서 절대로
못 치거든요.
꼭 자기 짝이 있어야 해요.

목화탁구회 총무
박성수

99

좁은 공간이지만 있을 건 다 있다는, 목화탁구장.
박성수 총무의 자부심이 느껴지는 뽀얀 공들이
옹기종기 모였다. 사심 없이 둥근 게
꼭 박 총무의 마음을 닮았다.

14킬로 빠졌어요. 탁구 덕분에 건강을 찾았다고 보면 돼요, 제가. 부정맥하고 협심증이 있었는데 그게 지금은 다 정상이에요. 제가 못해도 하루에 한 다섯 시간 이상 치거든요. 건강에 정말 좋아요.

그러면 혹시 선생님은 탁구 하시면서 꿈이 생겼다거나
뭔가 큰 변화가 온 게 있나요?

박성수 꿈이 생긴 게 많죠. 우선 첫째로, 말씀드린 것처럼 저는 건강을 찾았고, 건강을 찾아서 행복해졌고, 그리고 전에는 몰랐지만 지금은 알아가는 과정이 너무 많은 거예요. 저도 이제 북에서 나온 지 20년 돼요. 북에서 나와 중국에 오래 있다가 2007년도에 대한민국에 들어왔단 말이에요. 남으로 온 지 10년 됐어요. 처음에는 남한 사회를 잘 모르잖아요. 그렇게 잘 몰랐는데, 탁구장에 와서 내 건강도 찾았지만 우리 주민들하고 어울리면서 '이런 분도 있고 저런 분도 있고 아 이런 세계도 있고 이런 사회 경험도 있네' 하고 느낀 것도 많아요. 탁구 하고, 같이 앉아 얘기도 하고 그러면서 내가 모르던 세상을 경험하는 거예요. 그러면 '아 내 희망이 이거다, 목표가 이거다' 그런 생각이 들어요. 여기 온 게 잘 살기 위해서 온 거 아니겠어요? 사회의 흐름 돌아가는 것도 알게 되고, 문화 돌아가는 것도 알게 되고, 여러 가지로 유용한 정보를 많이 얻는 거예요. 물론 운동도 열심히 하게 되고요. 근데 하다 보면 사람이 욕심이 생겨서 더 잘 치고 싶어져요. 제가 이제 탁구를 배운 지가 3년밖에 안 됐는데, 3년 동안에 제가 고수 반열에까지 올라가게 된 거예요. 다른 분들은 3년 쳐도 그만한 수준이 안되지만…. 제가 배우면서 갑작스럽게 고수로 올라간 비결이 뭘까 생각하니, 전수해주는 재미가 있어서 계속하게 되는 거. 주민들이 칠 때 어떤 포지션이 안 된다 싶으면 제가 배운 노하우를 전해

주고 공유하면서 그분들이 한 단계씩 실력이 나아지는 걸 보는 게 참 기분 좋고, 뿌듯한 거예요.

> 목화탁구회는 '한마음탁구회', '한마음 목화탁구회'라는
> 별칭으로 불리기도 한다. 남과 북을 한마음으로 이어준다는
> 의미다. 목화아파트는 탈북한 새터민들에게 우선 분양된 터라
> 현재 거주자의 약 20퍼센트가 새터민이다. 목화아파트에는
> 탁구장 외에도 헬스장과 테니스장 등 다양한 주민 운동시설이
> 있고, 또 다른 단지보다 활성화됐다. 운동을 함께하다 보면
> 일체감, 친밀감이 높아진다던데, 그래서일까? 목화탁구회
> 덕분에 새터민과 남한 입주민들은 거부감이나 이질감 없이 잘
> 어우러지는 편이라고 하신다.

**총무님도 그렇고, 코치님도 그렇고,
이용자들 중에도 새터민들이 많다고 하던데,
목화탁구회가 애초에 새터민들하고 입주민하고
화합을 해보자는 취지로 시작된 건가요?**

박성수 원래는 임차인대표회의에서 우리 주민들을 우선으로, 주민들의 건강을 위해서 운동 시설을 만들자고 결정해서 설립된 곳이거든요. 여기 위에 헬스장도 그렇고. 근데 아파트 주민들 중에 이북에서 온 새터민들이 많단 말이에요. 또 다문화가정 사람들도 많고, 그렇지 않은 입주민들도 계시고, 이렇게 출신이나 배경이 다양한 사람들이 모여서 사는 곳이에요. 그러다 보니까 임차인대표회의에서 주민들이 좀 화합할 수 있는 장이 필요하다 생각해서 지

원을 하고, 또 외부에서도 지원을 받아서 여기를 만든 거예요.

서로 어울리는 장소가 만들어지니까 남과 북이 화합이 잘되는 거예요. 서로 의사소통도 되고, 서로 풍습도 알게 되고, 같이 운동하면서 몰랐던 부분이나 편견을 가졌던 부분도 바로 알게 되고요. 새터민이 여기서 총관리를 한다는 것도 저는 뿌듯하고, 그렇게 잘 굴러가고 있어요.

다른 종목도 있는데,
꼭 탁구를 하시게 된 특별한 이유가 있나요?

박성수 특별한 이유가 있다기보다 솔직히 탁구장은 비용이 많이 안 들어가요. 모든 스포츠는 투자가 있어야 하지만 탁구는 투자가 별로 없어요. 라켓 하나, 운동 신발 하나만 내가 사두면 그건 평생 가는 거잖아요. 배드민턴이나 등산이나 다른 건 투자가 많단 말예요. 그리고 높이 치는 게 아니고 넓은 공간이 필요한 것도 아니니까 탁구장을 하자고 한 거죠. 탁구장이 없었을 때는 우리 주민들이 옆에 무지개아파트 탁구장을 이용했어요. 주민들이 그걸 되게 부러워하는 거예요. 우리 주민들이 탁구 치고 싶으면 거기로 가는 거예요. 그래서 탁구장을 만들자고 건의도 많았죠.

그러면 마지막으로 혹시 부담스럽거나 힘드셨거나
그런 적은 없었나요?

박성수 처음에는 힘들었죠. 모든 주민들 개성이 다 다르고 의견이 안 맞는 부분들도 많으니까요. 탁구라는 게 혼자서 절대로 못 치거든요. 꼭 자기 짝이 있어야 해요. 그러니까 끼리끼리 짝을 지어 나오는 분들이 있어요. 그런 분들이 나오면 모르는 분하고는 절대 안 치죠. 그걸 내가 우선 타파를 해야겠다 싶었어요. 그래야 새로 나오는 분들이 부담이 없죠. 처음 오시는 분들은 제가 쳐줬어요. 짝이 없으면 없는 분들끼리 서로 맺어주고, 실력이 없으면 실력이 비슷한 사람끼리 다 맞춰줘요. 그리고 제가 공표를 한 게 있어요. "만약 여기서 짝을 형성해서 서로서로 남을 배려하지 않을 때는 불이익이 갑니다." 하고요. 그리고 고수들도 자기들끼리만 치지 말고 초급자들을 도와주라고 했죠. 잘 치는 사람들이 한 번씩 쳐주면 그 밑에 사람들이 '잘 치는 분인데 저렇게 도와주시네' 하면서 자기도 남들을 따돌리지 않게 되는 거죠. 그렇게 제가 끼리끼리 뭉치는 흐름을 완전히 깨버렸어요.

또 하다 보면 개개인이 다 맞지는 않아서, 시합을 하다가 분쟁이 생길 수도

PART 04 재능도 찾고 친구도 찾는 아파트

있고 조그만 일 가지고 다툼을 할 수도 있고 그렇잖아요. 그러면 저는 중간에 서서 어느 사람의 편도 안 들고 요거는 요런 게 잘못된 것 같다, 둘 다 잘못된 게 있다, 이렇게 조정해서 지금은 그런 게 없이 잘 굴러가고 있어요. 어느 정도까지 갔나 하면, 서로 사이 안 좋던 분들이 이제는 시합까지 해요. 간단한 음료수 내기라든가 이런 거. 그 사람들이 의욕이 생기는 거예요.

끼리끼리 뭉치면 불이익을 받을 수 있다는 박성수 총무의 원칙은 어쩌면 목화탁구회를 넘어 많은 아파트 공동체가 새겨야 할 운영 철학일지 모른다. "군자는 주변 사람들과 어울려 두루 사귀지만 패거리를 짓지 않고, 소인배는 같은 패거리끼리는 잘 어울리지만 두루 어울리지 못한다(君子周而不比, 小人比而不周)"던 공자의 말씀까지 빌리지 않더라도, 패거리 문화는 아파트 공동체에서 경계해야 할 첫 번째 고충이다. 패거리를 형성해 우리 회원(주민) 아니면 빠져 식으로 행동하는 사람뿐 아니라, 공동체에서 자기 이익만 취하고 깊게 사귀지 않는 사람도 공자식으로 표현하면 소인배에 해당한다. 박성수 총무는 담담하게 이야기했지만, 이런 소인배가 활개하지 못하도록 애써온 시간들은 얼마나 힘에 부쳤을까.

익명 회원 1 저는 친구가 소개해줘서 여기 다니게 됐어요. 저는 여기 주민이지만, 입주민 아니어도 등록할 수 있어요. 우리는 여기 다닌 지 한 1년 정도 됐네요. 아무래도 아파트 단지 안에 있으니까 날마다 오기 쉬워서 일단은 부담이 없고요, 또 환경이 깨끗하잖아요. 이 두 가지가 제일 장점이야. 다른 탁구

탁구장에 처음 와 본 손녀 채령이를 위해 할아버지 김무곤 씨가 탁구 자세를 가르친다.
손녀 덕분에 이날만큼은 누구보다 실력 좋은 탁구 코치가 됐다.

장도 다녀봤지. 신경 써서 청소를 안 하면 좀 지저분하잖아요, 여기는 총무님
이 워낙 깔끔하게 하셔서 환경이 굉장히 깨끗해요.

익명 회원 2 회비도 저렴하고 또 날마다 내가 하고 싶을 때 와서 할 수 있으니
까 그것도 참 좋죠. 여기 목화아파트 사시는 분들은 회비도 5천 원씩 할인해
주고. 레슨비는 레슨 받고 싶은 사람만 따로 내는 거고요. 저쪽에 계신 분이
우리 코치님. 엄청 잘 가르쳐주셔서 인기가 많아요. 저기 다 대기하는 분들.
(웃음)

익명 회원 3 나는 여기 안 살아요. 우리 아파트 단지에는 탁구장이 없고, 복지관에서 하기는 하는데 일주일에 한 번 하더라고요. 거기는 정해진 시간만 가서 할 수 있으니까, 날마다 가고 싶어도 여기처럼 못 오죠. 여기는 총무님이 항상 계셔서 관리하시니까 날마다 내가 편할 때 와서 할 수 있어요.

김무곤 저는 여기 회원된 지 얼마 안 됐어요. 아내랑 일주일에 한두 번 정도 나오죠. 여기가 지하이지만 환기가 잘되고, 또 시설도 좋아요. 저희들도 소문 듣고 왔어요. 원래 다른 데서 탁구 치다가 여기로 왔어요. 좋죠. 뭐 나이 들어서 운동하는 데 탁구가 딱 맞아요.

최진화 네, 월수금은 거의 오는 편이에요. 정말 재미있어요. 입주민은 아니고, 원래는 다른 데 다니다가 지인 소개로 여기가 시설도 좋고 저렴하다고 해서 왔어요. 제가 지금 두 달 됐는데 선생님도 너무 잘 가르쳐주시니까 실력도 늘고, 깨끗해서 좋아요. 살도 좀 빠지고, 건강해지고, 성격도 밝아지고, 부지런해지고요. 아무래도 집안일도 해야 하고 애들도 아직 어려서 그런 것들 다 해놓고 나와야 하니까 날마다 나오지는 못해도 일주일에 세 번은 나오려고 노력하죠. 여기 총무님께서 너무 잘해주세요. 정말 잘 챙겨주시고, 회원들 수준에 맞춰서 팀도 짜 주시고요. 잘하시는 분들이 못하시는 분들 가르쳐 주시고 그런 게 좋은 것 같아요. 배려도 많이 해주시고요. 바라는 거요? 딱히 없는데… 이제 인원이 많이 늘어났으니까 탁구대도 늘어나고 공간도 더 넓어지면 좋겠어요.

화랑초 3학년 김채령 할머니 할아버지가 오시는 탁구장이 궁금해서, 할머니 할아버지 따라 왔어요. 배드민턴은 한번 쳐봤는데 탁구는 처음 해봐요. 할머니 할아버지가 탁구 치는 거 처음 봤는데 잘 치시는 것 같아요. 건강해지실 것 같아요. 제가 지금 점수 계산해드리고 있어요.

코치 목장옥 저는 월, 수, 금, 토 이렇게 일주일에 네 번 지도하러 나옵니다. 보통 오후 1시부터 6시까지 수업하고요, 수요일엔 저녁 9시나 10시까지 합니다. 직장인들은 평일엔 저녁에만 시간이 나니까요. 회사 다니느라 주말에만 쉬시는 분들을 위해서 토요일에도 수업하고요. 참 쾌적하고 좋은 곳이지요. 여기 총무님이랑 사무국장님이랑 다들 관심을 두고 항상 관리하니까 질서도 잘 잡혀 있죠. 인기 비결이요? 음… (굉장히 부끄러워하시면서 웃음) 여섯 살 아이부터 고등학교 다니는 애들이랑 연세가 여든 넘은 어르신들까지 저에게 배우는 분들 연령대가 참 다양한데, 이분들이 다른 탁구회 갔다가도 또다시 여기로 돌아오는 걸 보면 제가 설명을 조금 잘하는 점이 있지 않을까요? (웃음)

EPILOGUE

목화탁구회를 찾아간 날, 목장옥 코치와는 대화할 시간이 많지 않았다. 그녀에게 탁구 지도를 받으려는 회원들이 줄을 서 있었던 까닭이다. 결국 다음날 전화를 걸어 못다 한 이야기를 나눴다.

그녀는 남한에 온 지 이제 3년이 됐다고 한다. 첫해는 회사에 다녔다. 온종일 컴퓨터 앞에 앉아 일해야 하는 업무라 하루하루가 고됐고 건강도 나빠졌다. 어릴 때부터 탁구 선수 생활을 했던 목 코치는 대학 때 탁구 전국대회에서 2등을 해 은메달을 따기도 했던 실력자다. 업무 스트레스로 힘들어하던 때 그녀의 몸은 탁구를 기억했다. 그렇게 탁구장을 찾았다.

어느 날 탁구장에서 탁구 시합이 열렸다. 바로 그날 시합에 나온 목화탁구회 박성수 총무를 만났다. 박성수 총무는 새터민인 목 코치를 알아봤고, 목화탁구회에서 함께하자며 손을 내밀었다. 그렇게 인연이 되어 그녀는 목화탁구회에서 2년째 코치로 뛰고 있다.

"아무래도 새터민이 많고, 또 총무님도 새터민이니까 마음이 편하잖아요, 사실, 다른 곳보다는. 회원들도 따뜻하게 대해주시고…. 봉사도 나가고, 밥 먹으러도 가고, 마음이 참 편해요."

그녀와, 목화탁구회를 찾는 많은 새터민들에게 '마음이 편한 곳'이 있어서 참 다행이다.

interviewee

전우신 똥손의모험 회장
고은미, 김미진, 이가영, 이선희, 이재순, 이진희 똥손의모험 회원들
김헌정 날아라도서관 관장

" 못 만들어도
괜찮아요,

그냥 도전하세요
"

재능기부로
손재주를 기르는 만들기 두레

서초포레스타6단지
똥손의모험

자고로 '똥손'이라 함은, 손으로 만드는 일에 딱히 재주가
없어서 뭘 만졌다 하면 괜찮은 물건도 이상해지게 만드는
신기한 손을 일컫는다. 손재주가 좋아 그럴듯한 것들을
뚝딱뚝딱 잘 만들어내는 '금손'과 대비되어 쓰이는 말이다.
서초포레스타6단지 만들기 모임인 '똥손의모험'은 그 이름만
들어도 어쩐지 부담 없이 끼어서 도전해볼 만하겠다는 만만한
인상을 풍긴다.

아파트 작은도서관을 활성화하려는 목적으로 만들어 여덟
명으로 시작한 똥손의모험은 현재 열두 명의 회원들이 정말로
부담 없이 이것저것 만들기에 도전하고 있다. 강사는 모두
주민들이다. 재능기부로 서로서로 잘하는 것들을 가르치고
배운다. 그런 의미에서 이 똥손들은 두 가지 모험을 한다. 하나는
해 보지 않은 것을 배우는 모험, 또 하나는 내가 조금 잘하는
것을 가르치는 모험이다. 모험심 강한 그녀들을 만나러 간 날은
천연 모기퇴치제를 만드는 날이었다.

똥손의모험 회장 전우신 작은도서관 봉사자들이 주축이 되어 시작했어요.
우리 작은도서관이 정식 개관은 작년 11월에 했는데, 개관을 준비하면서 주
민들한테 홍보를 하려고 보니까 아무래도 강좌 같은 걸 많이 열면 좋겠더라
고요. 그래서 호응이 좋을 것 같은 만들기 강좌를 열려고 했어요. 저희는 지
식이 없어서 처음에는 강사를 모셔서 스트링아트도 하고 그랬는데, 강사비가
만만치 않아서 매번 부담되더라고요. 이것도 만들고 싶고 저것도 만들고 싶
고 의욕은 많은데… '그러면 유튜브나 블로그 같은 데 만드는 법이 많이 있
으니까 그런 걸 보면서 강사 없이 한번 이것저것 만들어보자' 해서 이렇게 재

능기부 동아리를 만들게 됐어요.

이진희 온라인에 내곡맘카페가 있는데, 이 지역맘 카페가 활성화되어 있는 편이에요. 거기다가 만들기 모임이 있다고 했더니 타단지에서도 관심 있는 분들이 오셔서 지금은 열두 명 정도 활동해요. 2단지에서 세 명, 그 외는 다 6단지 분들이요. 강희진, 이은경, 안수연, 유정란 님도 열심히 하시는 분들인데, 오늘 참여를 못 했네요.

이재순 저희가 작년 12월 말에 첫 오리엔테이션을 해서 앞으로 우리가 어떤 것들을 만들 예정이고, 어떤 방식으로 할 것인지 그런 얘기를 나눴었어요. 그래서 격주로 첫째 셋째 주에 한 번씩, 그러니까 한 달에 두 번 만나서 하고 있어요.

전우신 만들기 동아리를 해 보고 싶어 한 분들끼리 모인 거라 의욕이 대단했죠. 첫 멤버들은 지금도 쭉 나와요.

이진희 저도 도서관 자원봉사로 시작했어요. 입주하고 도서관을 이용하고 싶었는데 도서관이 개관을 안 하는 거예요. 1년 넘게. 그래서 관리실에 가서 도서관이 왜 문을 안 여느냐고 물으니까 도서관 봉사자가 열 명 이상 모여야 개관할 수 있다고 그러더라고요. 그럼 지금 몇 명 지원했느냐고 물으니까 두 명 했다는 거예요. (웃음) 그래서 저도 한다고 했죠. 그게 시작이었던 것 같아요. 자원봉사하면서 도서관에서 하는 모임은 다 참여하게 됐네요. (웃음)

무얼 만들지는 어떻게 정하세요?
돌아가면서 원하는 것으로 만드나요?

이선희 하고 싶은 아이템을 단체 카톡방에 올려서 회원들의 동의를 구하는 거죠. '이거는 괜찮을 것 같아요, 이건 재료가 비쌀 것 같아요, 하기 어려울 것 같아요' 뭐 이런 얘기들이 올라오면 회원들 의견 모아서 하나를 선정하고, 동아리 회장님 주도로 강좌 준비하죠.

전우신 다들 잘하는 게 하나씩은 있어요. 여기 이선희 선생님은 공예나 만들기 부분에 특화되었고, 가영 언니는 요리에 특화되고⋯ 저는 재료 사는 거 외에는 별로 하는 게 없어요. 저는 가끔 아이템 선정이나 그에 맞는 재료 구입하고 몇 명 오시는지 인원 점검하고 그런 것만 해요. 저는 모임의 회장답게 제일 똥손이어서요. (웃음) 여기 가영 언니가 요리에 특화된 분이에요. 저번에 양갱 만들기를 주도해서 가르쳐주셨는데 얼마나 맛있었다고요. 가끔 만들어

모기들이 싫어하는 향을 풍기는 계피와 유칼립투스 잎이 천연모기퇴치 리스로 변신한다.
그리고 똥손이는 금손이로 변태한다.
살면서 우리가 창조해내는 것들이 몇이나 될까 다시 생각해본다.

오신 것 나눠서 먹기도 해요.

이가영 만들어 왔어.

전우신 오늘도 만들어왔어? (웃음)

이가영 맏며느리다 보니까 명절에 시댁이랑 친정에 해드리면 좋을 듯해서 요리를 배워 왔는데 애들도 잘 먹더라고요. 그래서 가끔 작은도서관에서 요리 강좌를 하니까 되게 좋아들 하시더라고요. 제가 그냥 좋아서 시작한 거예요. 맛은 보장을 못 하고요. (웃음)

이재순 여기 이선희 선생님은 저희들 중에서는 제일 전문가에 가깝죠. 경험도 많으셔서 저희가 이분께 많이 의지하는 편인데, 그래도 모기퇴치제 만들기는 선생님도 오늘 처음 하시는 거래요. 망칠까 봐 미리 저렇게 시안까지 집에서 만들어서 준비해 오셨더라고요.

PART 04 재능도 찾고 친구도 찾는 아파트

이선희 날마다 하는 게 아니라 가끔 하는 거고, 원래 동아리 회장님이 많이 하시는데 이번엔 조금 바쁘신 듯해서 제가 도움을 좀 드리고자 했어요.

고은미 아이디어도 많이 주시고 아무래도 저희보다는 경험도 많으시니까, 여러 번 해보신 것 위주로 저희에게 많이 알려주세요.

전우신 그리고 아이템 선정할 때, 만들기에 너무 어렵지 않은 거로 골라요. 완성품은 정말 예쁜데 과정이 너무 힘들 것 같다 싶으면 과감하게 포기하고 우리 똥손이 할 수 있는 것들로 고르죠.

서로 잘하는 것을 나누는 모임이라니, 굉장히 푸근하네요.
여기 전시되어 있는 것들이 직접 만드신 것들인가 봐요.
굉장해요. 똥손 아니고 금손이신 것 같은데요.
지금까지 만든 것들 소개해 주세요.

전우신 처음에는 똥손에서 재능기부로 한 게 아니고 강사를 섭외해서 진행했다고 말씀드렸잖아요. 그때 공예용 실, 나무판, 못을 이용해서 장식품 만드는 스트링아트를 했어요. 양말로 인형 만들기 같은 것도 하고요.

이선희 양갱도 만들었잖아요. 또… 설날 시즌에는 돈 봉투 키트가 있어서 바느질로 세뱃돈 주머니 만들었어요.

전우신 유치원, 어린이집 졸업 시즌에는 사탕부케도 만들었고, 그다음엔 슈링클즈라는 걸 했는데, 열을 가하면 축소되는 종이가 있어서 거기에 그림 그린

'똥손의모험' 회장답게 자기가 가장 똥손이라며
환하게 웃던 전우신 회장.
다음에는 그녀의 손에서 어떤 보물이
탄생할지 기대된다.

PART 04 재능도 찾고 친구도 찾는 아파트

다음 열을 가해서 열쇠고리 만드는 거예요. 콩에서 추출한 소이왁스로 소이 캔들 만드는 것도 했어요. 최근에는 석고 방향제도 만들었어요. 오늘이 똥손 열 번째 모임이네요.

김헌정 항상 정해진 대로 모인 건 아니고, 중간에 도서관 행사가 있다거나 개인 사정으로 모이는 분들이 많지 않다거나 그러면 쉬기도 하면서 좀 상황에 맞춰 모였어요.

이름대로 똥손들이시라면 시행착오도 많으셨을 텐데,
어려웠던 점이나 좀 고된 작업은 없으셨어요?

전우신 당연히 있었죠. 아무래도 저희가 블로그 같은 데서 만드는 방법을 찾아서 배우는 거라 전문적이거나 완벽하지 않잖아요. (웃음) 이게 똥손의 모험이잖아요. 저는 진짜 똥손이에요. (웃음) 저는 학교 다닐 때도 만들기를 정말 못했거든요. 그래서 시행착오도 많았어요. 슈링클즈 할 때도 처음 하는 거니까… 이게 반듯하게 쪼그라들어야 하는데 쭈글쭈글하게 되거나 비뚤게 되거나 그랬죠. 그리고 지난주에 석고방향제 할 때는, 선인장 모형이었는데 선인장 팔 하나가 부러져서…. 소이캔들 할 때는 드라이 플라워를 꽂고 해야 하는데 이게 안 굳어서 타이밍 놓치고 덜 예쁘게 된다거나 뭐 그런 식이에요. 또 제가 재료를 먼저 미리미리 구입해야 하는데 새까맣게 잊고 있다가 재료를 급히 사야 해서 마음이 급했던 적도 많고….

이진희 우리 회장님 성격이 좋아서 어려운 것 없이 잘 해왔어요. (웃음)

전우신 아녜요, 여기 다 좋은 분들이 모여서 그렇죠. 또 저희는 다른 단지처럼 입대위나 관리소와 갈등 있거나 그렇지도 않아서 그런 부분에서는 별문제 없었어요. 저 빼고 다들 아이 엄마라서 아이들이 아프거나 집에 급한 일이 생겼을 때 좀 힘드실 것 같은데, 서로 다 이해하고 도와주니까….

그럼 육아 품앗이도 하고 그러세요?

전우신 네, 관장님하고 재순 언니하고 가까이 살아서, 급하게 어디 가야 할 일 생기면 대신 아이들 하원 도와주기도 하고, 서로 그렇게 왕래하시더라고요. 또 아이들이 도서관에 오면 저희가 다 아니까 서로 봐 주고요.

이재순 육아 정보도 주고받고, 힘든 것도 얘기하고 그래요. 남편 얘기도 하고…. (웃음)

전우신 서로 만나서 얘기하는 것만으로도 스트레스가 풀려요. 모이면 저절로 얘기가 나오는 것 같아요. 얘기하자고 맘먹어서 얘기하는 게 아니잖아요.

아이들은 엄마가 이렇게 똥손의모험에서 만들기 하는 것 보고 어떻게 반응하나요?

이진희 제가 이런 거 만드는 걸 진짜 못 하거든요. 아이한테 뭘 만들어서 해주는 게 없어요. 다른 엄마들은 태교로 바느질 이런 것도 많이 하잖아요, 손재주 많은 엄마들은 베개도 만들어주고. 저는 바느질도 못 하고…. 그런데 똥손의모험에서 사탕부케를 만들어서 어린이집 수료식 날 가져갔더니 너무너무 좋아하는 거예요. 다섯 살이거든요. 사탕이라서 계속 뽑아 먹으면서 정말 좋아했어요. 또 아이들이 좋아하는 양말인형 같은 거 만들고, 아이 이름표도 만들어서 가방에 달아줬더니 정말 좋아했어요. 저도 뿌듯했고요.

김헌정 우리 애는 자기가 똥손의모험을 하고 싶어 하더라고요. 초등학교 1학년인데, 맨날 물어요. 똥손의모험 또 언제 하느냐고. 아이들이 하는 수업도 만들어 달라고 해요.

이재순 저희도 다섯 살, 초등학교 1학년 이렇게 둘인데, 큰딸이 자기도 같이하고 싶어 해요. "엄마 이거 어디서 만들었어? 나도 데려가지…" 그러기에 이거 엄마들끼리 하는 거라고 얘기해 줬죠.

전우신 (웃음) 저희 남편이 동아리 이름을 지었어요. 처음에 저는 '똥손의반란'이라고 하고 싶었거든요. 그런데 '너무 혁명적이지 않냐, 뭔가 제대로 만들어내지 않으면 안 될 것 같은 느낌이다, 똥손이니까 뭔가 실패도 있어야 하고 그러니까 반란보다는 모험으로 해' 그러더라고요. 듣고 보니까 모험이 낫

똥손은 마음껏 실패할 수 있다.
이들이 부담 없이 모험하는 까닭이다.
작은도서관에서 모험을 감행하는 이들이 늘어나면 좋겠다.

겠더라고요. 그래서 똥손의모험이라고 지었죠. 어쨌든 이웃들 많이 사귀니까 남편도 좋아하죠.

김현정 이름을 정말 잘 지었죠. 똥손의모험이 우리 단지뿐 아니라 다른 단지에서도 유명한데, 이름도 유명세에 한몫했죠. 우리 원래 이름이 '이만마'였어요. 이것저것 만드는 엄마들의 모임이라고요. (웃음)

전우신 근데 이만마는 너무 재미가 없어서 좀 재미난 이름을 생각하다가 똥손…. (웃음)

도서관 자원봉사도 하시고,
육아와 가사도 맡아서 하시면 바쁘실 텐데,
그래도 이렇게 만들기 모임을 꾸준히 나오시는 까닭은 무엇인가요?

전우신 재밌으니까 나오는 것 아닐까요?

이선희 뭔가 이렇게 소소하게 모여서 만들다 보면 성취감을 느끼잖아요. 우리가 직접 만든 걸 실생활에서 쓸 수 있고요. 이런 것들은 그냥 장식용이 아니라 다양한 역할들을 하는 거거든요. 시즌에 맞게 필요한 것들을 만드니까 다 쓸모 있죠.

김현정 봉사를 위해서 모인 사람들이었기 때문에 사심 없이, 욕심 없이 봉사하겠다는 마음이 컸어요. 그러다 보니까 화합도 잘되고, 잘 운영되는 것 같아요. 간혹 모임이 안 될 때도 있는데, 그것도 서로 다 이해를 해요. 아이가 아프

PART 04 재능도 찾고 친구도 찾는 아파트

다, 병원 간다, 이러면 서로 처지를 아니까 이해하게 되죠. 그리고 여기 모인 엄마들이 다 다재다능해요. 그래서 모이면 시너지 효과가 나는 것 같아요. 앞으로 저희가 똥손의모험을 계기로 다양한 활동들을 확대해나갈 수 있을 것 같아요.

이재순 뭔가 우리가 사명감을 가지고 하는 게 아니라, 우리의 즐거움을 찾고자 하는 거니까 계속할 수 있는 것 같아요. '이게 무조건 잘돼야 해' 그런 의미보다는 계속 만나서 스트레스도 풀고, 친목을 목적으로 모이니까. '우리 다음엔 이런 거 한번 만들어볼까, 다음엔 저런 거 한번 만들어볼까' 의논하면서 하니까 그렇게 큰 부담이 없어요. 만약에 뭐 일이 있어서 안 된다 그러면 '그래 다음에 하자' 이런 식으로 부담 없이 하는 거죠.

김현정 뭐든지 다 이해하고 열려있는 마음으로…. 저는 마흔이 넘었는데, 제 인생을 살면서 봉사도 처음 했지만 이런 모임이 처음인 거예요. 엄마들끼리 이렇게 모여서 한다는 그 자체도. 너무 색다르고 처음이어서, 그것도 이렇게 세대를 불문하고 나이도 다 다른데 뭔가 하나의 모티브로 만날 수 있다는 자체도 이 공간도 너무 다 고마운 것 같아요.

전우신 어떤 모임이든 활성화가 되려면 다들 모임에서 재미를 느껴야 이게 유지되는 것 같아요.

김현정 참, 그리고 우리 단지 사람만 있는 게 아니고 2단지 주민도 세 명 있어요. 멤버가 만약에 없으면 또 충원을 하고 늘려 가는 거지, 없다고 축소하고 없어지는 게 아니라….

똥손의모험 운영비나 재료비는
어떻게 충당하세요?

전우신 저희 똥손은 제가 재료를 사서 n분의 일로 나눠 각자 부담하는 식으로 해요. 그동안 어디서 지원받은 게 없었는데 최근에 관장님께서 우리 똥손의모험 이름으로 공모사업에 응모하셔서 받아오신 게 있어서 하반기에는 강사님 모시고 김치나 반찬 만들기 할 수 있을 것 같아요. 만들어서 나눔도 하고요.

김헌정 '이웃만들기 지원사업'이라고 저희의 취지에 딱 부합돼서 응모했는데 통과가 됐어요. 그래서 하반기 3개월 정도는 주민센터에서 지원받은 지원금으로 무언가 만들어서 이웃이랑 나누려고요. 그 사업 공고 있기 전부터 반찬 같은 걸 만들어서 이웃이랑 나누고 싶었는데 마침 그런 좋은 사업이 생겨서 저희 모임 취지에 딱 맞아서 바로 지원했죠.

다른 아파트 공동체들에도 비슷한 질문을 드렸는데,
아파트라는 공간이 자기가 숨고 싶으면
얼마든지 숨을 수 있는 공간이잖아요.
그래서 갈등도 많고 층간소음 문제도 발생하고요.
이런 작은도서관이나 주민모임이 아파트 주민들의 협력,
소통에 기여하는 부분이 있다면 무엇일까요?

전우신 저도 작은도서관에 봉사를 하게 된 게 말씀하신 대로 아파트가 굉장히 개인적인 공간이어서 사실 공동체가 이뤄지기 어렵잖아요. 그런데 작은도서관이 유일하게 그런 역할을 할 수 있는 공간인 것 같아요. 주민들이 함께 모일 수 있는 유일한 공간. 초대관장 하셨던 분이 저와 같은 라인에 사는데, 도서관에서 두 시간만 봉사하면 된다고 제게 권유하셨어요. 되게 쉬운 일이구나 하고 왔는데, 도서관 개관식이라는 걸 같이 준비하다 보니까 처음에 어려움이 많았어요. 근데 도서관에 와 보니까 이게 주민들이 모이는 유일한 공간이고, 몰랐던 분들을 많이 만날 수 있는 공간이고, 모임도 만들 수 있는, 아파트의 유일한 공간이라는 생각이 들었어요. 그래서 계속하는 거죠.

이진희 저희가, 똥손 모임에서 한 건 아니고, 처음에 커뮤니티를 확산하자는 의미로 경로당 어르신들을 도서관에 모셔서 영화 상영회를 한 적 있어요. 어르신들 좋아할 만한 옛날 추억의 영화를 보여드렸는데 좋아하시더라고요. 더 활성화해서 노인회와도 교류가 있도록 해야죠. 그분들도 도서관에 오셔서 책을 좀 보시게 하는 게 저희들의 목적이에요. (웃음) 이것도 마을공동체의 역할이겠죠.

전우신 요즘 같은 시대에 아이들한테 마을이라는 개념이 없잖아요. 이런 모임이 생기면 친구들도 만들어주고, 형제자매가 새로 생기는 거니까 아이들한테도 좋죠. 어떤 문제가 있으면 혼자서만 해결하기보다 여럿이 함께 해결하고 도와줄 수 있고요.

인터뷰 당시 둘째를 임신한 지 8개월 된 고은미 씨는
똥손의모험에 나오는 일이 곧 태교라고 했다. 첫째까지
돌보느라 태교에 별로 신경쓰지 못하는데 똥손의모험에 오면
오롯이 자기를 위해 시간을 쓸 수 있으니 이보다 더 좋은 태교가
어디 있겠느냐고 스스로를 다독였다. 집에서 혼자 만들었더라면
이만큼 성취감을 느낄 수도 없었을 것 같다며 함께하는 이들이
있어 더 행복하다는 말도 덧붙였다. 이를 듣던 전우신 회장은
우리가 똥손인데 서로 도와주며 하니까 마치 똥손이 아닌
것처럼 자존감이 높아졌다고 맞장구쳤다.
이들은 나의 재능을 발견하는 일보다 누군가의 숨은 재능을
찾아주고 북돋는 일을 더 즐거워하는 듯했다. 똥손이 모험을
떠나는 진짜 이유가 여기에 있었다.

PART 04 재능도 찾고 친구도 찾는 아파트

Q 오늘 인터뷰하느라 다 못 만드셔서 어떡해요?

전우신 지금 (이재순 회원님이) 대신 만들어주고 계세요. 손이 되게 빠르셔서 항상 뭐 만들 때 정말 일찍 완성하시거든요.

이진희 그때 양말인형 만들 때, 저는 하나도 완성 못 했는데 세상에 다섯 개를 만드신 거예요. (웃음)

전우신 나는 그거 버렸어. 얼굴 따로 몸 따로 해서 못 쓰겠다 싶어서 (웃음)

김헌정 참, 다들 투덜투덜하면서 그렇게 잘 만들어. 안 돼, 안 돼, 투덜투덜하면서…. (웃음) 선희 씨가 이렇게 좋은 아이템을 가져와 주셔서 너무 감사하고 똥손 만들어주신 우리 회장님 감사하고….

전우신 선희 언니, 아프지 마시고, 이사 가지 마시고, 이사 가셔도 오시고! (웃음)

이가영 이사 가셔도 오시는 분 계시잖아요, 회장님.

오늘 똥손이 만든 건, 모기 퇴치제가 아니라 우울증 퇴치제나 외로움 퇴치제 같은 게 아니었을까.

소통하는 청소년들의 벽화동아리
송파파크데일2단지 여리들

"10대와 소통할 수 있는 공동체를 만들고 싶으세요?"

송파구 마천동 송파파크데일 2단지 한아람작은도서관에는 손재주가 좋은 청소년들의 동아리가 있습니다. "열심히 그리는 청소년들"이라는 뜻을 가진 벽화 동아리 "여리들"입니다. 초등학생, 중학생 네 명으로 시작해 현재는 초중고 스무 명의 회원들이 활동합니다.

처음엔 아무도 지원하지 않던 동아리, 지금은 대기자까지 꽉 찼어요

2015년, 초등학교와 중학교에 다니는 자녀를 둔 김태야 부녀회장님은 아이들과 소통하려는 목적으로 벽화 동아리를 만들었습니다. 당시 작은도서관의 문화 강좌 프로그램으로 회원들을 모집했으나 강사료와 재료비를 부담해야 한다는 조건 때문인지 회원들을 모으기가 쉽지 않았다고 합니다.

결국 부녀회장님의 자녀 두 명과 자녀의 친구들 두 명이 모여 네 명으로 동아리를 시작하게 됐습니다. 벽화에 대해 아무것도 모르던 그녀는 알음알음 물어 사회적 기업 '오색'을 알게 됐고, 동아리 취지에 공감해주신 오색 사장님의 배려로 좋은 강사님을 저렴한 강사료로 섭외할 수 있었습니다. 그때 함께한 벽화 선생님은 3년이 넘은 지금도 계속 아이들을 지도해 주신다고 합니다. 지금 여리들은 한 달에 두 번, 네 시간씩 모임을 갖습니다. 정해진 날짜는 없습니다. 강사료를 적게 받는 대신 벽화 선생님의 일정에 맞춰 모이기로 한 까닭입니다. 청소년 벽화 동아리는 워낙 드문 데다, 그마저도 '여리들'처럼 아이들이 주도해서

그림을 그릴 수 있는 곳은 거의 없다고 합니다. 그래서인지 동아리 회원이 되려는 아이들은 벌써 대기자까지 줄을 섰습니다.

지원금은 받지 않고 아이들의 자율성을 최대로

벽화를 그려달라는 집도 내년까지 꽉 찼습니다. 동아리를 처음 시작했을 때는 동장님의 도움으로 두 집을 섭외해 그림을 그렸는데, 지금은 마을 사람들 입소문을 타고 부녀회장님께 벽화를 그려달라는 전화가 많이 온다고 합니다. 그려진 벽화를 보고 집주인에게 전화번호를 얻어서 연락하는 분도 계시고, 학교나 관공서에서 요청하는 사례도 있습니다. 요청하는 순서대로 무료로 벽화를 그려주지만 아이들이 걸어가기에 너무 먼 곳은 갈 수 없습니다. 지원금을 따로 받지 않고 회원들 회비로만 운영되는 동아리 특성상 차량 운영까지 하기는 버거운 상황이기 때문입니다. 동이나 구로부터 지원금을 받으면 지원해준 곳의 벽화 요청을 먼저 들어줘야 했습니다. 부녀회장님은 지원금을 받는 것보다 자유롭게 활동하는 게 더 좋겠다고 생각해 지원금을 전혀 받지 않기로 했습니다. 아이들도 벽화 선생님도 원하는 시간에, 원하는 장소에 맞춰 하고 싶은 대로 하니 마음이 편했습니다.

응원하는 주민들, 마음을 여는 아이들

"이거 내가 그린 거야." 여리들은

자기가 그린 벽화를 지날 때면 친구들에게 자랑합니다. 동네 유치원 꼬마 아이들은 언니 오빠가 그린 벽화 앞에서 사진을 찍고는 "언니야, 나 오늘은 펭귄 앞에서 찍었어." 하며 애정을 표현합니다. 동네 어르신들은 여리들이 뜬다 하면 한 시간 전부터 의자를 놓고 기다리십니다. 여리들에게 음료수를 사다 주시는 분도 계시고, 멋지다며 덕담 한마디씩 보태고들 가십니다. 덕분에 벽화를 그리는 여리들은 지칠 줄을 모릅니다.

한 달에 두 번 모일 때 아이들은 벽화만 그리는 게 아니라 평소 부모님과 나누지 못하는 대화들을 마음껏 나눕니다. 벽화 선생님을 멘토처럼 생각하는 여리들은 선생님께 고민도 털어놓습니다. 한창 사춘기에 접어들어 마음 열기가 쉽지 않은 여리들은 벽화 동아리를 하면서 마음을 표현하는 일이 늘었습니다. 김태야 부녀회장님도 아이들과 대화할 시간이 늘고, 특히 사진을 마음껏 찍을 수 있게 돼 얼마나 즐거운지 모른다고 하십니다. 사진 한 장만 같이 찍자고 해도 데면데면하던 아이들이 이제는 벽화 앞에서 스스럼없이 사진을 찍으니, 3년 동안 모은 사진들이 성장 앨범이 되었습니다.

김태야 부녀회장님은 앞으로 아이들이 자라 대학생이 되면 여리들에게 운영권을 넘겨줄 생각입니다. 벌써 한 명이 올해 대학생이 되었으니, 이제 장소 섭외부터 회원 관리까지 오롯이 아이들의 힘으로 꾸려질 날이 멀지는 않은 듯합니다.

화합을 노래하는 어린이합창단
신내데시앙 리틀합창단

"어울린다는 것이 무엇인지 느껴보고 싶으세요?"

신내데시앙 아파트 작은도서관의 한지윤 관장은 오래전부터 어린이합창단을 꾸리는 꿈이 있었습니다. 관장으로 일하며 크고 작은 축제, 장터, 방학 특강, 윷놀이 대회, 노인회 음식 대접 등을 기획하고 이끌어 온 그녀는 아파트 공동체가 활성화되는 데 어린이들의 몫이 크다는 걸 느꼈습니다.

어린이합창단의 화합은 어른들의 마음까지 움직입니다

2015년, "아이들은 해맑아요. 네 것 내 것 가르지 않고요, 여럿이 어울리는 데 거부감이 덜해요. 합창은 어른들에게도 쉬운 게 아닌데 이 아이들이 모여 같이 연습하고 하나의 목소리를 만들고 화음을 덧대는 모습을 어른들이 바라볼

때, 소통하고 화합하는 게 무엇인지 느낄 수 있잖아요." 그녀는 아이들을 꽃이라고 표현합니다. 아파트의 꽃인 아이들이 아파트 축제에서 합창할 수 있기를 바랐습니다. 주변에 활성화된 성인합창단을 볼 때마다 그녀의 바람은 더욱 커졌습니다.

그렇게 기회를 엿보다 한 지원 사업에 당첨되어 드디어 올해 봄 첫 연습을 시작하게 되었습니다. 어린이합창단 단원을 모집한다는 글을 올리자 고맙게도 어린이들은 여기저기서 손을 들어 주었습니다. 백 명에 가까운 아이들이 지원해, 오디션 당시 경쟁률이 3 대 1에 이를 정도였습니다. 신내데시앙 어린이합창단에는 초등학교 1학년부터 6학년까지 입단할 수 있습니다. 그런데 유치원에 다니는 일곱 살 아이들도 하고 싶다며

도서관을 찾아왔다고 하니 그 인기가
어느 정도였는지 짐작이 갑니다.
아파트 주민들의 자녀만 들어올
수 있기에, 지원할 수 없는 옆 단지
아이들의 아쉬움도 컸습니다.

학원보다 가족여행보다 합창단이
우선이래요
아이들이 합창단을 사랑하는 까닭은

합창단 연습은 일주일에 한 번,
한 시간씩 이뤄집니다. 한 관장은
혹시 아이들이 엄마들 강요로
억지로 연습에 참여하는 건 아닌지
궁금했습니다. 걱정스러운 마음으로
아이들에게 넌지시 물으니 아이들은
말보다 표정으로 진심을 보여줬습니다.
연습하는 게 참 재미있다는 표정,
신난다는 표정으로 한 시간이 어떻게

지나는지 모르겠다는 대답을 합니다. 심지어 한 아이는 가족여행 때문에 합창 수업을 못 갈 상황이 되자 엄마아빠만 다녀오라며 가족여행을 거절했다는 일화도 있습니다. 친한 친구와 입단한 아이들이 끼리끼리만 어울리지는 않을까 걱정했지만 그것 역시 기우였습니다. 아이들은 서로 스스럼없이 친해졌고 연습 시작 전에 모여 이야기를 나누거나, 숙제를 함께하기도 합니다. 연습한 지 이제 겨우 5개월이지만 아이들은 5년을

사귄 것처럼 마음을 나눈다고 합니다. 가을, 겨울에 있을 대회를 앞두고 아이들 마음도 하나하나 맞춰가는 중입니다.

**구성원 모두의 응원으로 아이들은
노래할 힘이 납니다**

한지윤 관장은 어린이합창단이 이렇게 잘 이뤄지기까지 많은 분들이 도와주셨다며 둘레 사람들에게 감사한 마음을 내보였습니다. 옆집 아랫집에 누가 사는지도 잘 모르는 곳이

PART 04 재능도 찾고 친구도 찾는 아파트

리틀합창단 아이들은 서로 스스럼없이 친해졌고 연습 시작 전에 모여 이야기를 나누거나, 숙제를 함께하기도 합니다.

아파트인데, 그런 삭막한 공간임에도 신내데시앙에서는 어머니들이 힘든 내색 없이 자원봉사를 해주십니다. 자발적으로 합창단 운영위원회를 구성해 출석확인을 돕고, 지휘자 선생님과 반주자 선생님을 챙깁니다. 또 아이들 사진과 동영상을 찍어 온라인채널에 공유해, 참석하지 못한 어머니들에게 예쁜 아이들 활동을 전합니다. 아이들이 이렇게 한목소리를 낼 수 있는 건 어쩌면 어머니들이 먼저 서로 마음을 열었기 때문일지도 모릅니다.

또 관리사무소 직원들도 공동대표회의 동대표분들도 지원을 아끼지 않으셨다고 합니다. "합창단 피아노 놓을 자리도 필요하고, 서른 명이다 보니 공간이 협소하면 안 돼서 고민이 많았어요. 연습 소리가 새어 나와서 아이들 책 읽는 데 방해가 될까 봐 도서관에서 연습할 수도 없었고요. 고민이 많았는데 공동대표회의에서 공동대표회의실에 피아노도 놓고 거기서 연습도 할 수 있게 흔쾌히 허락해 주셨어요." 지나가는 주민들은 그냥 지나치지 않고 아이들에게 따뜻한 응원을 전하고 가끔 간식도 챙겨주실 정도라며 한지윤 관장은 아파트 구성원들이 모두 박자를 맞춰 도와준 덕분에 여기까지 왔음을 다시 한번 감사해 했습니다.

서로에게 실과 바늘이 된 자수동아리
길음뉴타운3단지 아름드리

"소소하게 모여 재능을 나누고 싶으세요?"

신나리 님은 길음뉴타운3단지 작은도서관에서 공예 수업을 듣다가 솔깃한 제안을 받았습니다. 그녀의 남다른 작품들을 본 관리사무소 소장님이 주민들을 위해 자수동아리를 만들어보자고 제안한 것이었습니다. 신나리 님은 리본 자수 자격증이 있을 정도로 손재주가 좋아, 직장을 다니면서도 집에서 틈틈이 작품 활동을 해 왔습니다. 재능을 기부할 좋은 기회라는 생각에 그녀는 "아름드리 자수동아리"를 이끌기로 했습니다. 강사비도 따로 받지 않고 말입니다.

내 재능이 기쁘게 쓰인다는 더 큰 기쁨

봄부터 시작한 자수동아리 모임은 일주일에 두서너 번씩 이뤄져 왔습니다. 모일 날짜나 시간을 회원들끼리 조율해 그때그때 결정하는 터라 한 달에 모이는 횟수가 들쭉날쭉합니다. 새로운 모양을 배울 때 버거워하는 회원이 있으면 보충 수업을 잡기도 하고, 서로 급한 일이 생기면 단체 채팅방에서 의견을 나눠 시간을 바꾸기도 합니다. 회원들이 참여하는 데 부담을 느끼지 않게 하려고 마음을 쓴 흔적입니다. 신나리 님은 동아리를 처음 이끌어보는 터라 어려운 점도 있었다고 합니다. "보통 40대 회원들이 많지만 50대, 60대 어르신들도 오세요. 저는 30대잖아요, 그래서 세대가 다른 분들끼리 소통하는 데 불편해하시지는 않을지 걱정했죠. 최대한 편안하게 해드리려고 노력해요. 자수가 바느질이라 섬세한 작업이잖아요.

마음이 편해야 좋은 작품이 나와요."
나리 님의 찬찬한 배려 덕분인지
처음 동아리에 들어왔던 회원들은
지금까지도 계속 함께합니다. 호응이
좋아 가을 정도에 한 번 더 2차 모집을
할까 생각 중이라고 합니다.

집에서 외로워하지 말고 나와서
함께해요

아름드리 자수동아리 회원들 역시
나리 님만큼이나 자수 사랑이
대단합니다. 서로 자발적으로 모여
꾸준히 연습하고, 수업에서 배우지
않은 것을 찾아와 활용하기도 합니다.
회원 한 분은 이렇게 자수동호회에
나와 작품을 만들고 또 가족들에게
작품을 선물할 수 있어서 기쁘다고

말합니다. 가족들이나 둘레
사람들로부터 칭찬받는 즐거움도
쏠쏠하다며 기쁨과 성취감을
표현합니다. 자수는 집중해야 하는 손
활동으로 우울감이나 외로움을 더는
데 도움을 줍니다. 그래서인지 50대
60대 어르신들의 만족도가 높다고
합니다.

"제일 나이가 많으신 분이 60대
초반이에요. 우리 동호회에 나오기
전에는 시간이 남으면 집안일을 하거나
그냥 무료하게 보냈는데 자수를
시작하면서 기분도 좋아지고, 우울함도
없어졌다고 하셨어요. 또 이번에
손주가 태어났는데 손주한테 당신이
만든 걸 선물하게 되어서 얼마나
기뻤는지 모른다며 제게 고맙다고 해

주셨어요." 회원으로부터 고맙다는 말을 듣고 느낀 뿌듯함, 그 맛에 재능 기부를 계속하게 된다는 신나리 님의 목소리가 참 밝습니다.

재능 기부는 주기만 하는 게 아니랍니다

그녀는 아파트에서 공동체가 생긴다는 건 이웃 간의 소통 창구가 생기는 거라고 표현합니다. 내 주위를 둘러보고 어울릴 수 기회가 될 거라며 많은 분들이 이런 동아리나 마을 공동체 활동에 참여하면 좋겠다는 바람도 내비칩니다. 또 재능 기부는 자기가 희생하는 게 아니라 자기도 함께 배우고 크는 거라며 재주 있는 분들은 마을 주민들과

재능을 나눠보시라는 따뜻한 제안도 덧붙입니다.

"이 동아리가 소소한 거지만 한분 한분께는 큰 의미가 될 수 있잖아요. 지금 저한테 배우시는 분들이 이렇게 배워서 나중에 다른 신입 분들을 기꺼이 가르쳐 주실 수 있으면 좋겠어요. 그래서 나중에 우리 3단지를 대표하는 동아리가 되었으면 하는 바람이에요."

우리
아파트에는
이야기가
산다

자연이 좋아하는 아파트

플러그 뽑고
태양광 설치하는
마을
신정이펜하우스1단지
에너지자립마을

쓰레기 가득했던
공터를 텃밭으로 바꾼
도시농부 두레
하계5단지 한우리봉사단

interviewee

김희정, 임미숙, 최금숙, 황의경 주민
송주현, 유윤희, 주은아 신정이펜하우스 에너지자립마을 주민위원
최정화 신정이펜하우스1단지 관리소장
정은영 양천구청 맑은환경과 기후변화대응팀 팀장
조선미 구로마을생태계지원단장
노인정 할머니들

> **"** 전기료 아끼려고
> 시작했는데,
>
> 이젠 탈핵까지
> 생각해요 **"**

플러그 뽑고
태양광 설치하는 마을

신정이펜하우스1단지
에너지자립마을

신정이펜하우스1단지에 도착하자 여우비가 살금살금
내렸다. 단지 안에 들어서니 '에너지자립마을'답게 베란다에
태양광 자가발전기를 설치한 집들이 종종 보였다. 이렇게
구름 낀 날에도 태양광에서 전기가 만들어질까 궁금했다.
에너지자립마을은 주민들이 자발적으로 에너지를 절약하고
신재생에너지를 생산하는 데 앞장서서 에너지자립 기반을
다지는 아파트를 일컫는다. 이 아파트는 올해 '서울시
에너지자립마을' 사업에 선정됐다. 서울시 지원금에 자비를
보태 태양광 자가발전기를 단 집이 70여 가구 정도 된다.
처음에는 한두 집만 신청할 정도로 호응이 낮았지만, 주민
리더들이 꾸준히 홍보하고 녹색 장터도 성공적으로 진행하면서
신청자들이 늘었다고 한다.

관리사무소 2층에 있는 마을 자치 공간으로 올라가니 벌써
자리가 꽉 찼다. 할머니, 할아버지, 아줌마, 아저씨, 아기를
안고 온 엄마까지 남녀노소 가릴 것 없이 에너지 절약 교육을
들으러 온 분들이었다. 귀에 익은 목소리가 들려와 돌아보니
최정화 관리소장이었다. 몇몇 주민들과 교육회를 준비하느라
무척 바빠 보였다. 누구에게 말을 건넬까 머뭇거리는 사이에
양천구청 맑은환경과 기후변화대응팀 정은영 팀장이 내게
먼저 인사를 건넸다. 에너지 자립마을에 대해 조사하려고 몇
번 통화했던 터라 그녀의 살가운 인사가 무척 반가웠다. 뒤이어
SH서부주거복지단 양천센터에서 오신 분들과도 이야기를
나눴다. 에너지자립마을 사업에 꽤 다양한 분들이 주민과
어우러져 함께한다는 걸 알 수 있었다.

그들은 신기하게도 말을 맞춘 듯 비슷한 말을 했다. 구청이나 주거복지센터에서 아무리 의욕을 가지고 해도, 주민들 호응이 없으면 어떤 사업도 지속할 수 없다는 게 골자였다. 주민들이 적극적으로 나서줬으면 좋겠다는 바람이 담긴 듯했다.

양천구청 맑은환경과 기후변화대응팀 팀장 정은영 작년에 몇몇 주민만 활동한 아파트는 관리소장님 바뀌니까 활동도 뚝 끊겼어요. 주민 스스로가 끌고 가야 해요. 여기 단지 주민들은 굉장히 적극적이에요. 보통 이런 사업에 지원할 때 세 사람이 오는데, 여기는 관리소장님부터 부녀회, 입대위, 그리고 아기 안은 엄마까지 다 왔죠.

신정이펜하우스1단지 에너지자립마을

모인 까닭은 저마다 다르지만,
한곳을 향해 간다.
에너지자립을 목표로 주민들이 하나둘 모인 덕분에
이웃 사이가 된 이들이 늘었다.

정은영 팀장은 목동에 살지만, 에너지자립마을 사업에 함께하면서 이제는 여기가 마치 자기 아파트처럼 편해졌다며 애정을 표현했다. 근무일이 아닌 주말에 은영 씨가 이 아파트를 찾았을 때 주민들은 가족이 온 것처럼 반겼다. 은영 씨는 그때 주민들이 자신을 반갑게 맞아주고 안부를 물어주어, '마을'이라는 게 이런 건가 싶었다고 한다. 오랜만에 친구를 만난 듯 주민들과 장난기 어린 인사를 주고받는 걸 보니 구청 공무원이 아니라 옆집 언니 같았다. "저분은 꼭 인터뷰하고 가세요. 아주 제일 열심이야." 주민들의 열의를 칭찬하던 은영 씨가 뒷자리에 앉은 한 사람을 가리키며 말했다. 그녀의 소개로 주민 유윤희 씨를 만났다.

에너지자립마을 사업에 굉장히 적극적으로 참여하셨다고 들었어요, 어떤 활동들을 하셨나요?

유윤희 서울시에서 에너지자립마을 선정한다고 해서 주민들과 서울시청에 가서 함께 발표했어요. 고맙게도 에너지자립마을에 선정되어서 미니태양광 발전기 설치하라는 홍보도 하고, 사물인터넷 아이오티 설명회도 함께했죠. 에너지 사용을 줄일 방법에 대해서 주민들과 화합하고 소통하는 자리들을 계속 열었어요. 오늘 이렇게 마을행사도 열고요.

어떻게 이렇게 적극적으로 참여하게 되셨나요?

유윤희 아이 있는 집이라 전기 쓸 일이 많은데, 아이들에게 전기가 어떻게 만들어지는지 알려주고 싶었어요. 전기 절약 차원에서도, 교육 차원에서도 해 보고 싶었어요. 그래서 이 사업 전부터 개인적으로 태양열 발전에 관심이 있었죠. 알아보니까 우리 아파트 102동에 겨우 두 가구만 태양열 자가발전기를 달았더라고요. 저도 이게 실효성이 있을지 몰라서 망설였어요. 나 혼자만 달아서 뭐 큰 효과가 있겠나 싶기도 했고요. 그런데 관리소장님이 에너지자립마을 지원 사업에 대해 말씀하시더라고요. 취지도 너무 좋고, 저도 관심이 있던 터라, 우리 아파트가 꼭 되면 좋겠다 싶었죠.

아무리 관심이 있어도 아파트 일에 앞장서서
나서기가 쉽지 않은데 대단하시네요.

유윤희 엄마가 떳떳하게 살면 아이들도 보고 배우는 게 있잖아요. 처음에는 저도 참여하기가 내키지 않았는데 '내가 안 하면 할 사람이 있겠나' 싶었어요. 제가 참여하니까 다른 분들도 용기 내서 와 주고, 발전기도 설치하고 그러시니까 고맙더라고요. 아이를 위해서 시작하기는 했지만, 주민들이 소통하고 화합하는 계기가 되는 것 같아서 계속 참여하게 돼요. 지난번에도 에너지자립마을 행사 때, 제가 여기 아파트에 6년째 사는데 처음 본 분들도 있었거든요, 그때 그분들이 너무나 좋았다고 그래서 저도 참 기뻤어요.

태양광 발전기 달고 전기 절약하는 데
효과가 좀 있었어요?

유윤희 저희 집에 이거 설치한 지 두 달밖에 안 돼서 실효성을 얘기할 수준은 아니지만, '저게 태양열로 전기를 만들어서 냉장고도 돌아가고 에어컨도 돌

아간다'고 아이들한테 설명해 주니까 아이들이 너무 좋아해요. 그리고 아이가 땀띠도 많이 나서 에어컨을 자주 트니까 전기료가 올랐어야 했는데 오히려 줄었어요. 평소처럼 밥도 해 먹고 불도 켜고 똑같았는데 전기료가 좀 줄어서 신기했어요.

주변 분들이 많이 물어보시겠어요.
태양광 달고 전기료 좀 내렸느냐고.

유윤희 네, 좀 전에도 강의 들으러 오신 분, 처음 뵌 분인데 그분도 물으시더라고요. 잘 설명해드렸죠. 에너지자립마을 아닌 다른 단지에 사시는 분도 저한테 물으시고는 직접 업체에 전화해서 바로 설치하셨더라고요. 몰랐던 분들이 건너 건너서 연락을 해오기도 하고요. 점점 참여도가 높아질 것 같아요.

때마침 윤희 씨 품에 안겨 엄마 말을 듣던 돌쟁이 시윤이가 활짝 웃어준다. 시윤이는 에너지자립마을 발표회를 위해 주민들이 시청에 왔을 때도 엄마와 함께했다고 한다. 아이가 자랄 아파트가 에너지자립마을이 되길 바라는 마음으로 아이를 업고서 시청까지 찾아갔던 윤희 씨. 힘든 점은 없었는지 물어도 여태껏 힘든 게 없었다며 시윤이를 고쳐 안았다.

윤희 씨와 이야기를 마치고 이날 교육에 참여한 주민들을 여럿 만났다. 에너지자립마을 사업에 관심을 두게 된 사연도 참 다양했다.

임미숙 아이들 때문에 시작하는 집 많아요. 아이가 우리 집도 태양열 발전기 설치하자고 하면 안 할 수가 없죠. 아이들이 하는 말을 부모가 안 들어 줄 수가 없잖아요. 저희 집도 그렇고. (웃음) 그러니까 이런 사업은 우선 아이들을 교육해서 부모가 참여하게 하는 방법이 제일 좋을 것 같아요. 특히 아이들이 있는 집은 전원을 계속 켜둘 일이 많잖아요. 그러니까 적극적으로 참여해야죠.

황의경 에너지 마일리지를 많이 쌓으면서 관심이 생겼어요. 저희 집 마일리지 많이 벌었어요. (웃음) 2년 누적해서 21만 원. 몇 년 전 주민들 대상으로 에너지 교육할 때 가정 에너지를 절감하면 에너지 마일리지를 쌓을 수 있다는 걸 알고 가입했거든요. 그게 이렇게나 쌓였어요. 또 아이가 다니는 학교에서 한 반을 지정해서 에너지 절약 캠페인을 했는데, 우리 아이 반이 선정돼서 그때 아이랑 같이 에너지 절약하는 걸 열심히 했어요. 그도 그럴 것이 우리가 5인 가족이다 보니까 절약에 관심 많을 수밖에 없죠, 전기를 많이 쓰니까.

김희정 오늘 에너지 절약에 대한 설명회가 있다는 걸 듣고 왔죠. 에너지 절약에 관심이 많아요. 왜냐면 원전에 대한 걱정 때문에. 이 마을이 활성화돼서 원전 하나 줄이는 데 보탬이 되면 좋겠어요. 사실은 저희도 냉장고를 두 대씩 쓰다가 하나 없앴어요. 또 대기 전력을 줄였어요. 덕분에 상당히 많이 전기 요금이 줄었죠. 에어컨은 1등급으로 바꾸고 선풍기를 큰 거 사서 에어컨 사용을 줄였어요. 주민들이 많이 참여해서 태양광도 다들 달고 그러면 좋겠는데, 아직은 좀 미진한 것 같아요. 저희는 태양광 설치한 지 한 6개월 정도 됐어요. 전기 요금? 줄었죠. 독일이나 일본에서 일어난 원전 폭발 같은 거 들으면서 항상 걱정됐는데, 큰 도움은 못 되더라도 이렇게라도 개인들이 전기를 아끼면 참 좋겠어요.

주민들 이야기를 듣는데 정은영 팀장이 와서 묻는다.
"에너지절약 컨설팅 해준다는데, 같이 가 보실래요?"
에너지자립마을 주민들을 위해 서울시 온실가스 감축
컨설턴트가 집마다 찾아다니며 에너지 절약 방법을 알려준다고
한다. 그들을 따라 최금숙 씨의 집에 들어섰다.

컨설턴트 전자레인지도 코드를 빼놓고 쓰시네요?

최금숙 네

컨설턴트 잘하고 계세요. 대기전력을 차단할 수 있어서 잘하고 계시고요, 에어컨도 코드 뽑으셨어요?

최금숙 코드는 꽂아놨는데, 돌리지는 않고 송풍 기능만 써요.

컨설턴트 돌아가지 않더라도 코드 꽂아놓으면 전력이 흘러요. 그렇게 흐르는 전기를 대기전력이라고 해요. 안 쓰실 때는 코드를 뽑아주시면 좋겠어요. 대기전력을 차단하는 제품들이 나오고는 있지만 그걸로 다 바꿀 수는 없으니까, 코드를 꼭 뽑아주시는 게 좋죠. (천장을 가리키며) 가장자리 등은 사용 안 하시죠?

최금숙 네, 그게 전기료가 많이 나간다고 하더라고요.

컨설턴트 네, 저 할로겐은 전기료가 많이 나와요. 되도록 엘이디 전구로 바꾸시는 게 좋아요.

"
어떻게 하면 주민들이
화합할 수 있을까 고민했는데,
에너지자립마을 공고를 보자
이거다 싶었죠.

신정이펜하우스1단지 관리소장
최정화
"

신정이펜하우스1단지 에너지자립마을

집안 곳곳에서 새는 에너지를 찾고 절약 방법을 알려주는
컨설팅이 끝난 후 컨설턴트는 금숙 씨에게 대기전력 차단용
스위치가 달린 콘센트를 건넸다. "앞으로도 대기전력 잘
차단하시고, 에너지 절약에 힘써 주세요." 컨설턴트가 집을
나가자 금숙 씨는 집안에 꽂힌 플러그들을 다시 확인했다.
갑작스럽게 섭외되어 예상치 못한 컨설팅에 당황했을 법도 한데
우리들의 인터뷰 요청에도 금숙 씨는 친절했다.

최금숙 저희는 지난주 금요일에 태양광 달았어요. 신은초등학교 다니는 아들
이 태양광 설명을 듣고 와서는 달자고 하더라고요. 처음에 여기 에너지자립
마을 사업 시작하면서 태양광 설치할 집 신청받을 때는 신청 안 했었어요. 근

PART 05 자연이 좋아하는 아파트

데 아들이 학교에서 교육받고 오더니 신청하자고 하도 그래서 추가 모집할 때 간신히 했어요. 추가 모집으로 하는 거라 서울시 지원은 못 받는데 양천구 지원 조금 받았어요.

**아드님이 학교에서 교육받은 후로
에너지 줄이는 거에 관심이 많은가 보네요**

최금숙 네, 우리집도 달아야 한다면서 어찌나 조르는지 그 등쌀에 못 이겨 이렇게 달았잖아요. 설치도 일부러 아이들 있을 때 했어요. 기사님이 설명을 자세하게 해 주셔서 아이들이랑 같이 들었어요.

설치비는 얼마예요?

최금숙 저희는 9만 원에 했어요. 그 전에 단체로 할 때는 8만 원에 했다고 하더라고요.

**지난주에 설치하셨으면 아직 관리비 줄어든 건
확인 못 하셨겠네요.**

최금숙 네, 근데 계기판이 있어요. 태양열로 전기를 얼마나 만들었는지 날마다 다 나와요. 아이들이 이걸 늘 보러 가요. 전기가 얼마나 만들어졌는지 관심이 많아요. 집에서 에너지가 만들어지니까 굉장히 신기해하죠.

서울에서 가장 먼저 생겨난 에너지자립마을인 성대골(동작구

상도 3동, 4동) 마을의 김소영 대표는 한 언론사 인터뷰에서 "(에너지자립마을 활동은) 가격으로만 인식하던 전기에 대해 우리가 직접 생산하고 관리하면서 전기에 숨겨진 사회적 비용을 깨닫는 과정"이라고 말했다. 태양열로 전기 에너지가 생성되는 모습을 직접 관찰하는 주민들, 특히 아이들에게, 이제 전기는 관리비 고지서로만 체감되는 게 아니었다.

컨설팅에 참여한 금숙 씨는 애초에 에너지자립에 관심을 두고 마을 일에 참여하지는 않았다. 태양광도 아들의 요청으로 달게 됐고, 강연회도 이웃 부탁으로 참석했고, 또 이 컨설팅도 소장님을 위해 나선 일이었다.

최금숙 오늘 강연회도 여기 아는 언니가 좀 도와달라고 해서 온 거예요. 에너지자립마을이라고 이렇게 크게 해 놓고, 소장님이 무척 열심히 하시는데 아무도 컨설팅 안 받으면 소장님이 좀 그렇잖아요. 그래서 컨설팅받은 거예요.

하지만 결국엔 하길 잘했다는 말을 덧붙였다. "아들이 신기해하고 교육적으로도 좋으니까 저도 좋죠."라거나 "제가 전기를 효율적으로 잘 쓰나 궁금했는데 이렇게 진단받으니까 새로워요."와 같은 한마디에서 그녀도 이 사업에 애정이 생겼음을 짐작할 수 있었다. 아이 때문이든, 마일리지 혜택 때문이든, 환경에 대한 걱정 때문이든, 혹은 누군가의 부탁을 들어주기 위해서든, 에너지자립마을 공동체 사업에 참여한 동기는 제각각이지만 다들 애정을 가지고 발을 들여놓은 주민들이었다.

강연장으로 돌아와, 주민들에게 에너지자립마을에 대한 애정을 불어넣는 이를 만났다. 오늘 주민들을 대상으로 에너지자립마을이 무엇인지, 왜 필요한지, 어떻게 할 수 있는지 교육한 '구로마을생태계지원단' 단장 조선미 씨다. 그녀는 서울시에서 지원해주는 마을 공동체 사업이 다양한데도, 특히나 에너지자립마을 사업이 중요하다고 강조했다.

구로마을생태계지원단장 조선미 다른 사업은 주민들 서너 명만 모여도 할 수 있어요. 그런데 에너지 자립마을 사업은 몇 명만 잘해야 하는 게 아니고 주민들이 다 해야 해서, 새로운 에너지 공동체, 에너지 마을이 생성되는 거죠. 다 같이 불 끄고, 대기전력 차단해야 효과가 나오거든요. 절전량도 두 사람 하는 것보다 열 명, 스무 명, 하는 게 많잖아요. '서울시 지원사업 중에서 에너지자

립마을 사업은 다르다, 특이하다, 행동으로 보여줄 수 있다' 이런 얘기들이 나오는 이유예요. 서울시는 2020년까지 에너지 자립마을 200개를 만들겠다는 목표가 있는데, 벌써 100개 정도 돼요. 아파트, 주택, 학교 등 다양한 곳에서 진행하고 있어요.

이 단지는 에너지자립마을로 첫발을 디딘 지 채
1년이 안 됐잖아요.
3년을 지속해야 졸업한다고 하던데,
앞으로 어떻게 해야 지속할 수 있을지
조언 부탁드려요.

조선미 올 초에 여기 소장님한테 전화가 와서 상담도 해주고 그랬는데, 여기는 소장님이 주도해서 사업을 시작한 경우잖아요. 소장님보다도 주민들이 주축이 돼야 해요. 입주자대표회의도 있을 거고, 통반장도 있을 거고, 노인회도 있을 거고, 그 모임 단체들이 다 나와서 같이 해야 오래갈 수 있고 또 더 많은 홍보도 될 수 있다고 생각해요.

그러한 주민모임이 활성화되려면 어떤 노력이 필요한가요?

조선미 이렇게 소소하게 행사할 때 다들 참여를 해야죠. 나 혼자 하지 말고 나올 때 옆집, 윗집, 아랫집 사람들, 그러니까 이웃을 데리고 나와서 알게 하고 참여하게 하는 게 모임, 공동체 형성에 도움이 되겠죠.

이런 마을 사업을 주민들이 주도하다 보면

부딪힐 수 있는 어려운 점은 무엇일까요?

조선미 저는 회계를 해왔던 사람이라 괜찮았는데, 회계 정리를 하려면 꽤 힘들어요. 아무래도 지원 사업이다 보니까 서류도 만들어야 하고, 발표도 해야 하고, 회계 처리도 해야 해서 손이 많이 가기는 하죠. 그래도 무엇보다 주민 참여가 제일 관건이에요. 주민들만 잘 참여하면 힘들어도 오래 잘 갈 수 있어요.

> 관리소도, 구청도, 복지센터도 아닌 주민들 스스로가 주체가
> 되어야 공동체가 오래갈 수 있다는 말에 연신 고개를 끄덕였다.
> 교육회가 끝난 후 주민들이 회관을 빠져나가자, 몇몇 주민만
> 남아 뒷정리를 시작했다. 이 아파트의 에너지자립마을 사업을
> 꾸준히 이끌어갈 주민 주체들이 바로 저이들이겠거니 싶었다.
> 교육회 시작 전부터 여기저기 바쁘게 돌아다니던 이들을
> 한자리에 불렀다.

주은아 원래 환경 문제에 관심이 많았어요. 원전 하나 줄이는 게 필요하다고 생각했죠. 미세먼지가 심한데 나라에서 제대로 하는 게 없다고 생각했어요. 그런데 정권 바뀌면서 원전 하나 줄이기나 화력발전소 중단하기 같은 정책을 내놓으니까 제 가치관과 딱 맞아떨어지더라고요. 바로 이거구나 싶었는데 우리 마을에서도 이런 사업을 한다니까 바로 신청했죠.
저는 5월에 태양광을 설치했는데, 정말 설치하길 잘했어요. 어떤 경제적 효과도 좋지만, 가족들이 태양광 발전기를 아기 보듯 애지중지해서 그게 너무 보기 좋은 거예요. 해가 뜨는 날은 얼마나 생기느냐고 물어보고, 비 오는 날은

이제 막
에너지자립마을이
된 터라 태양광
패널이 드문드문
보인다.
3년 후엔 어떻게
변해 있을까?

또 어떤지 보러 오고, 미세 먼지 많은 날도 생기느냐고 관심이 대단해요. 제가 정말 놀란 건, 굉장히 절약에 관심 없던 저희 아버지가 많이 변했다는 거예요. 아버지가 예전에는 전기도 다 켜둔 채로 다니던 분이었어요. 엄마가 따라다니면서 아버지가 켜둔 전원 일일이 꺼 줘야 했을 정도죠. 그런데 태양광 발전기 설치한 다음에 전년 대비 10퍼센트 줄고, 전달보다 20퍼센트 줄었다고 했더니 아버지가 먼저 나서서 절약에 앞장서시는 거예요. '수돗물 잠가라, 전기 꺼라' 그러시면서 저한테 오히려 잔소리하시고. 저보다 적극적이죠. 아버지가 변하는 걸 보니까 그런 생각이 들더라고요. 주민들한테도 "이거 해라 이거 해라" 그러는 건 소용없고, 오히려 우리가 하는 모습들을 직접 보여 주고, 체험한 것들을 이야기하면 저절로 변할 거라는 생각. 주민 리더들이 솔선수범하는 게 제일 좋겠다 싶어요.

송주현 저는 남편이 동대표 시작하면서 관심 갖게 됐어요. 일반 주민이었을 때는 방송 나와도 관심 없었고 신경도 안 썼는데 이렇게 발을 들여놓기 시작하니까 계속하게 되더라고요. 뭐든 시작이 어렵지, 일단 이렇게 발 들여놓으면 괜찮아요. 다른 주민들도 첫발을 들이도록 열심히 홍보하려고요.

관리소장 최정화 힘든 일이요? 없어요, 없어. (웃음) 처음에는 당연히 어려웠죠. 참여율도 저조하고. 또 우리 단지가 분양, 장기전세, 임대 다 있는 혼합단지여서 화합이 조금 힘든 배경이 있어요. 어떻게 마을 주민들이 화합하고 또 아파트가 활기 넘치게 될까 고민하다가 에너지자립마을 선정한다는 공고를 봤어요. 이거다 싶었죠. 에너지자립마을 되려고 많은 분들이 힘써 주셨어요. 그렇게 되고 나서 녹색장터를 열었는데 주민들이 너무나 좋아하시는 거예요. 태양광 설치하는 분들도 점점 늘어나고, 이렇게 주민 리더들이 이끌어 주시니까 저는 뭐 힘든 거 없어요.

주변 이들이 한 명씩 변해 가는 모습을 기쁘게 생각하는
사람들이었다. 마을공동체를 지속하게 하는 원동력 중 하나가
바로 이런 마음씨가 아닐까. 마을이 하나가 되어가기 위한
수고스러운 과정 하나하나를 기쁘게 생각하는 마음 말이다.
이 마음이 계속되어 3년 후엔 마을이 어떻게 변해 있을지
궁금해진다. 단지에 들어설 때 본 태양광 자가발전기를 다시
보았다. 에너지를 만들고, 사람을 만드는 기특한 녀석이었다.

주민 리더들과 작별 인사를 하고 관리사무소를 빠져나오니 노인정이 바로 보였다. 안에서 할머니 몇 분이 두런두런 이야기를 나누시기에 찾아갔다. (할머니들께서 이름이 뭣이 중하냐고 하셔서 이름을 싣지 못했다.)

Q 할머니, 오늘 에너지자립마을 교육회에 참여하셨지요?
할머니1 응, 강연 잘 듣고 많이 배웠지. 절약하는 데 도움 될 것 같아.
Q 날도 더운데, 어떻게 교육회까지 오셨어요.
할머니2 소장님이 우리 노인정까지 와서 교육회 열린다고 얘기해주고, 말벗도 되어주고 그러니까 갔지.
할머니3 방송도 하기는 했는데 노인이라 방송을 잘 못 들어.
할머니1 우리 아파트 일이니까 나오지. 괜찮아. 우리는 여기서 식사도 같이해.
할머니2 소장님이 참 열심히 해. 마을 주민들도 다 호응 잘해. 우리한테 도움이 되니까 하지 뭘.

노인정에 모인 할머니들은 에너지자립에 대한 관심보다도, 어르신들께 싹싹한 소장님에 대한 고마움으로 교육회에 나오신 모양이었다. 아파트 주민들을 움직이게 하는 힘이 무엇인지 짐작이 간다. 이웃 간의 '정'으로 끝나지 않고 에너지자립에 대한 '열정'으로 계속되면 좋겠다.

이정희 한우리봉사단 회장
이찬우 한우리봉사단 부회장, 임차인 대표
이영자, 임해순, 임종만 한우리봉사단 회원

> 텃밭 가꾸고
> 화단 만드니,
>
> 주민들도
>   휴지 하나
> 안 버려요

쓰레기 가득했던 공터를
텃밭으로 바꾼 도시농부 두레

하계5단지
한우리봉사단

"회장님 어디 가세요?" "밭에, 호박 좀 따러. 어르신들
배고픈께." 이정희 한우리봉사단 회장과 회원들은 소쿠리
하나를 들고 밭으로 나서는 길이었다. 한우리봉사단 할머니들도
일흔이 넘으셨는데 그보다 더 나이든 분들을 챙기신다고
나오셨다. 땡볕보다 얼굴이 더 밝다. 한우리봉사단은 직접 가꾼
텃밭 작물로 일주일에 한 번, 수요일마다 노인회 어르신들을
위해 점심상을 차린다. 하계5단지 주민들로 이뤄진 봉사단
회원은 60여 명이 넘는다.

여기 밭에서 딴 걸로 어르신들 식사하실 때
재료로 쓰시는 거예요?

한우리봉사단 회장 이정희 그럼요. 고추나 상추 같은 거 많이 따면 어르신들도
좀 나눠드리고…. 우리는 별 고생 안 해요. 고생은 우리 임차인대표님이 많이
하세요. 대표님이 새벽 5시 반에 나오셔서 물도 다 주시고, 모종 심는 것도 다
하시고…. 종일 여기 살다시피 하셔요. 다 해놓으신 거 우리는 이렇게 따다가
밥 차리는 것밖에 없어요. (웃음)

5단지 바로 옆에 붙은 텃밭은 생각보다 꽤 컸다. "여기가 우리
텃밭이에요. 멋지죠?" 임찬우 임차인대표는 자랑스럽게 텃밭을
내보이신다. 한우리봉사단에서 가꾼 텃밭은 자랑할 만한
공간이었다. 한쪽은 공유 텃밭으로, 여기서 수확한 작물은
주민들과 나눈다. 또 한쪽은 개인 텃밭으로, 구역을 나눠 자기가
키운 작물은 자기가 거둔다.

한우리봉사단 부회장, 임차인 대표 이찬우 가을이 오면 이 텃밭이 얼마나 예쁜 지 몰라. 8월 말에 배추랑 무를 심어요. 그러면 9월말 경 되면 배추 밭이 아 주 예뻐요. 배추 무 여러 가지 심는데 진짜 멋있어. 가을에 사진을 찍어야 하 는데, 지금은 다 거두고 없어서 안 예쁜데…. 지금은 전부 시들어가지고. 요 거 취재하고 나면 내일 모레부터는 싹 다 뜯어가지고 배추 심을 자리를 마련 할 거거든요. 취재한다고 해서 지금 그냥 놔둔 거야. (웃음)

돌쟁이 머리에 핀이라도 하나 더 꽂아서 친척들에게
인사시키려는 엄마 마음 같다. 밭으로 들어가니 구역마다
자기 이름을 표시한 푯말이 서 있다. 집마다 기르는 작물도
가지가지다. 호박, 고추, 토마토, 깨… 각자 필요껏 살뜰하게
구색을 갖췄다.

밭마다 이름표가 다 있네요?

이찬우 여기는 개인 텃밭이니까요. 이게 요만큼이 1구역이고, 4만 원이에요. 자기가 심고 싶은 거 심는 거예요. 그러니까 작물들이 다 다르잖아. 4만 원도 비싼 게 아니에요. 왜냐면 이걸 관리비로 다 보전해주거든요. 관리사무소 통장에다가 모아 놓고 2월쯤 정산해서 관리비에서 빼주는 거예요.

농약도 하나도 안 주신다면서요,
자연 농법에 특별히 관심 있으셨던 거예요?
어쨌든 가족들이 먹을 거니까 농약 안 주기로 하신 거예요?

이정희 농약 같은 거 하나도 안 줘요. 전혀 안 줘요. 완전히 친환경. 여기 봐요, 벌레가 다 먹었잖아.

이찬우 처음부터 우리가 먹을 거기 때문에 농약은 일절 안 했지. 벌레가 반, 사람이 반 먹자 생각하고 채소를 심었던 거예요. 벌레한테 많이 뺏겼지. 벌레하고 나눠 먹었어요. (웃음) 벌레가 반 사람이 반. 그게 친환경이지. 몇 년간 터득을 했지.

임해순 여기 주민들 다 불러 모아서 벌레들을 잡아요. 집게 가지고. 벌레 먹었다고 채소를 그냥 뽑아버리는 게 아니고 벌레를 잡아줘요. 시기가 있잖아요. 나방이 알 낳아서 벌레가 클 때가 있잖아요. 그 시기 맞춰서 회장님이 사람들 다 동원해서 잡아요.

이영자 대단한 양반이야. (웃음)

친환경으로 기르려면 땅도 갈아엎지 않고
그대로 둔다고 하던데,
여기 텃밭은 어떻게 하셨어요?

이찬우 여기를 텃밭으로 만들려고 할 때 그때 처음 갈아엎고 그 뒤로는 안 해요. 그때 구청에서 낙엽 썩은 것들을 받아 와서 뿌리고, 굴삭기로 땅을 다 파서 싹 뒤집었죠. 그러니까 우리는 퇴비라는 게 전혀 필요가 없어요.

비닐하우스도 해 놓으셨네요.
겨울에도 계속 따다 드시려고
해놓으신 거예요?

이찬우 그렇지요. 작년 12월 17일날 설치했으니까 올봄 아주 추울 때부터 시작했죠. 올해 처음 하니까 잘 몰라서 물을 많이 주면 안 되는데 물을 줘서 죽어버린 것도 있고…. 당귀, 방풍, 삼채 뭐 아주 비싼 것도 엄청 많이 심었어. 실패하면 또 갖다 심고, 실패하면 또 갖다 심고, 그렇게 경험을 많이 쌓았죠.

이영자 상추도 봄부터 했는데 심으면 죽고, 심으면 죽고 그러는 거예요. 처음엔 경험이 없으니까 무슨 식물을 심든 심어만 놓으면 죽어버리는 거야. 아주 이것 때문에 고생을 많이 했지.

이찬우 꽃집에 가 물어보니까 퇴비를 50포만 갖다 뿌리면 된다는 거야. 그래서 퇴비를 그렇게 많이 줬어. 근데 또 상추가 다 죽어버렸어. 물을 이거는 많이 줘야 하고, 이거는 적게 줘야 하고, 이거는 약간 줘야 하고, 이게 작물마다 다 다른데 그걸 몰랐으니까 물 많이 주면 되는 줄 알았지. 그래 다 죽어버렸

어. 이제야 배웠지. 그리고 이 커튼 치는 것도 이제 배웠다니까. 이것도 내가 혼자 터득한 거야. 햇빛이 많이 들 때는 이 커튼을 쳐줘야 해. 지금은 싱싱하죠? 이 커튼을 안 치면 이것이 다 말라버려. … 이건 허브고 이건 생고추, 매운 거.

연장들도 깔끔하게 정리해 놓으셨네요.
이 매달아 놓은 화분들도 대표님이 하신 거예요?
예뻐요.

이찬우 근데 이것도 만팔천 원 주고 네 개를 사다 놓은 거야. 처음에는 꽃이 조그만 했어요. 근데 자꾸 자라서 이렇게 커졌어. 한 달 전만 해도 엄청나게 많이 폈어. 얼마나 예뻤는데. 지금은 많이 진 거야. 물을 하루에 한 번씩 줘야 돼.

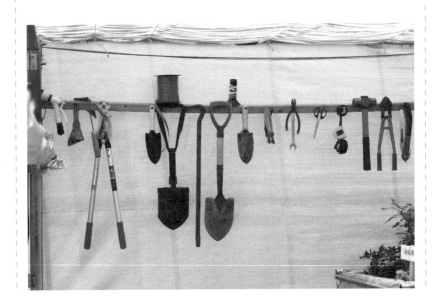

손이 많이 가네요.

이찬우 응. 물은 하여튼 많이 줘야 돼.

대표님 혹시 서울시에서 하는 도시농부 양성 강좌
따로 들으셨어요?
어떻게 이렇게 농사를 잘 지으셨어요?

이찬우 그게 뭐야, 들어본 일도 없어. 다 독학으로 배운 거지. 우리 텃밭 시작
하기 전에 구청에서 자율봉사로 우리 주민들한테 텃밭을 가꾸게 한 게 있었
어요. 주민센터 앞에 있는 땅에서 한 4년 정도 했지. 그거 하면서 조금씩 배
웠어요. 내가 서울시나 이런 데서 영농교육을 좀 받고 싶었는데 어디다 요청
해도 소식이 없어. 내가 한 7년간 실무적으로 했던 것하고 학구적으로 배운
것하고 같이하면 좋잖아. 그걸 서울시에도 보내고 SH본사에도 보내고 영농
교육을 좀 받게끔 해달라고 해도 소식이 없어.

와, 독학으로 농사를 배우셔서
이렇게 작물들을 잘 길러내시다니, 대단하시네요.
저는 베란다에서 뭐 길러 먹으려고 해도 잘 안 되던데….
이 텃밭은 아파트 분양 때부터 있던 공간인가요?
아파트 단지 바로 옆에 이렇게 큰 텃밭이 있어서
참 좋으시겠어요.

이찬우 아이고, 여기가 얼마나 지저분했는지 몰라요. 2015년도에 시작했으니

까 이 텃밭이 3년 됐는데 그전에는 여기가 말도 못 하게 더러웠어. 쓰레기에다, 돌이 천지였어. 그걸 다 치우고…. 용감하죠? (웃음)

구청에 찾아가 허가를 받고 여러 지원 사업에 신청해 지원금을 받았다. 또 다 같이 쓰레기를 줍고 무성한 잡초를 뽑고 돌을 날랐다. 낙엽을 섞어 흙을 갈아엎고 이랑과 고랑을 만들어 모종을 심었다. 방치되던 공터는 그렇게 텃밭이 됐다.

이정희 여기가 전부 풀밭이고 엉망이었는데 저렇게 깨끗하게 됐어요. 서울시 내에서 저렇게 해놓은 데도 드물 거예요. 우리도 이렇게 보면 좋아요. 심어놓고 며칠 지내면 (싹이) 또 요렇게 나와 있고….

임해순 황무지가 저렇게 좋아질 줄은 몰랐지. 왜냐면 맨 돌이고 풀이 얼마나 많이 자라는지 꽃나무를 심어도 안 되고, 별걸 다 해도 그냥 황무지 같았어요. 그런데 우리 대표님이 그거를 시도하신 거예요. 그래서 다른 데서도 지원을 하는지 모르지만 첫 번째가 대표님이 저렇게 만들기까지 고생을 많이 하셨지. 지금도 역시 고생 많이 하고 계시고.

이영자 돌이 말도 못한 걸 푸대로 막 주어냈어.

이정희 리어카로 막 이렇게 해갖고 땅 파고 묻은 거야.

이영자 이게 되겠느냐고 물으면 (이찬우 대표님은) 우리가 하면 할 수 있다고 그러면서.

꽃도 지고 작물들도 시들해질
즈음 찾아간 터라 더 예쁜
텃밭 모습을 보여주고 싶던
한우리봉사단원들은 아쉬워했다.
그렇지만 이 모습 또한 자연이
준 선물이기에 꾸밈없이
아름다웠다.

PART 05 자연이 좋아하는 아파트

하계5단지 한우리봉사단

이정희 심고 안 되면 또 심고 또 심고 안 되면 다시 하고 날마다 씨 뿌리고….

임해순 저 상추요 저렇게 많이 씨를 뿌려서 온 동네 할머니들 안 드린 사람이 없어요.

이영자 아마 5단지에 저 상추 안 먹은 사람이 없을 거야. 다 드렸어요. 안 먹었다 그러면 거짓말이야.

<u>집마다 다 나눠주셨어요?</u>

이정희 그럼. 몇 차례 드렸어

임해순 경비아저씨도 다 나눠드리고 관리소도 나눠드리고…. 온 동네 먹고도 남게 너무 많이 잘 길러서.

PART 05 자연이 좋아하는 아파트

텃밭도 참 정성스럽게 가꾸신 게 느껴지는데,
여기 옆에 화단도 무척 단아하고 깔끔하게 관리하셨네요.
이것도 한우리봉사단에서 하셨어요?

이영자 이 동네가 지저분했었어요. 여기 대표님이 나서서 이렇게 화단이랑 다 가꾸니까 깨끗해진 거지. 노인정에서도 옛날에는 술 먹고 그랬는데, 지금은 그런 게 없잖아. 술주정하고 그러는 사람들이 안 오잖아.

이찬우 화단도 전부 다 쓰레기 줍고 심은 거예요. 맥문동. 올해는 또 들깨도 심어놨어요. 땅이 지저분한 데는 무조건 갖다 심어. 여기 이렇게 화단으로 바꾸고 들깨 심어 놓으니까 쓰레기 하나 안 버리잖아. 이 맥문동이 그늘에서도 살고, 물에서도 살고 최고 좋아. 뿌리에 땅콩만한 게 생기는데 그것이 당뇨에 최고야. 단지를 깨끗하게 해 놓으면 보기에도 좋지만 주민들 마음이 바뀌는 거야. 우리 아파트에 함부로 쓰레기를 버리면 안 되겠다, 더 잘 가꿔야겠다… 이런 걸 생각하게 하는 거예요.

이정희 이렇게 단지가 변하면서 주민들도 아파트 일에 더 적극적이게 변한 것 같아요.

이찬우 여기는 주민 스스로가 일요일이면 계단 물청소를, 대청소를 해요. 저도 많은 단지를 다녀봤지만, 다른 아파트는 1년에 한 번 주민들한테 돈 걷어서 복도 청소도 하고 그러지 않습니까. 그런데 우리 단지는 일주일마다 대청소를 해요. 25층에서부터 아래로. 다 나와서 해. 방송해서 나오라고 할 필요도 없이 청소하는 날 되면 주민들이 다 나와요. 몸에 배가지고 스스로. 신기하죠? 주민들이 서로서로 자기가 사는 아파트를 아끼는 마음이 있어야 해요.

이정희 우리 대표님은 아파트를 얼마나 아끼는지 몰라. 텃밭도 자식처럼 돌보고. 자기가 새벽에 나가면 채소들이 "아빠 빨리 와, 아빠 빨리 와" 그런다잖아. (웃음)

이찬우 여긴 시골 냄새가 풍겨요. 꼭 시골 같아. 재미있잖아요. 나도 어렸을 때 시골에 살았어요. 그런 향수가 있으니까 이걸 하는 거지. 그런 향수도 없이는 못 하죠. 4시 20분에 일어나서 5시쯤 밭에 나가. (웃음) 6시쯤 돼서 집에 들어오면 아침밥 맛이 참 좋아. 꿀맛이야.

다들 이렇게 텃밭도 가꾸고 함께 모여서 얘기도 나누고 뭐든 적극적이셔서 그런지 연세에 비해서 정말 젊어보이시고 활기가 넘치시는 것 같아요.

이찬우 노동을 해야 한다니까요. 운동보다도 노동. 아침 새벽에 이거 하다 보면

굉장히 건강해진다니까. 내가 일흔한 살이야. 작년에 칠순잔치 했어. (웃음)

꾸밈없는 웃음이 초록 채소들만큼이나 싱그럽다. 텃밭에서 얻은 작물을 들고 노인회관으로 돌아왔다. 40여 명 정도 되는 노인회 어르신들을 위한 점심상이 뚝딱 차려졌다. 상을 물린 후 조금 한가해진 틈을 타 한우리봉사단 회원들에게 다시 말을 걸었다.

더운데 아침부터 고생하셨어요.

이영자 고생은 뭐, 재밌어요. 다 이렇게 심어서 따다 먹으니까. 대표님 당신이 다 물 주고, 이것저것 다 하고, 우리는 그냥 따다만 먹으래.

선생님은 텃밭에 뭐 심으셨어요?

이영자 고추 심었어 고추.

고추랑 가지를 많이들 심으신 것 같아요.

임해순 우리는 고추하고 가지 심어서 요새 실컷 따먹고, 알타리 심어서 한 번 김치 해먹고, 상추하고 빨간 갓하고 파란 갓하고 그것도 심어서 따다 먹고. 몇 번을 해먹었는지 몰라 올해. (웃음)

직접 기른 것 따다가 바로 해서 드시니까 더 맛있죠?

이날 메뉴는 복날에 맞춰 닭죽과 쌈채소. "어르신들 여름 잘 나시게" 준비했다고 하신다.
직접 담근 김치의 배추까지 포함해 점심상 재료 중 채소들은 모두 메이드인 한우리봉사단 텃밭이다.

임해순 그럼. 마트에서 사다 먹는 거랑은 비교할 수가 없지. 뭐 심으면 좋겠다

고 말만 하면 우리 대표님이 씨 뿌려주고 심어주고 하시니까 힘들 것도 없이

잘 갖다 먹었네. (웃음)

이영자 우리는 그냥 공짜로 먹는 거야. (웃음)

그래도 이렇게 식사 만들어주시잖아요.
어르신들 점심 해 주시는 건 언제부터 시작하신 거예요?

이영자 오래됐지요. 일주일에 한 번 노인들 식사 해드리는 거지 뭐.

임해순 우리는 40대부터 노인정 봉사를 했어요. 그리고 지금 70이 넘었으니까… 오래했지. 그래서 우리는 자연스럽게 노인정하고 친한 거야. 다른 사람들은 내가 나이가 몇인데 노인정 가냐고 그러는데 우리는 40대 때부터 해서 완전히 여기에 젖은 거야. 그치?

이영자 그럼.

임해순 그때는 우리가 40대니까 노인정에 가입은 못 하고, 노인정 후원회로 할아버지 할머니 모시고 놀러가고 그랬어요.

이영자 우리는 도우미인 거지.

40대 때부터 하셨다니, 힘들거나 귀찮거나 그러지 않으셨어요?

이영자 귀찮으면 봉사 못 하지. 누가 하라고 하는 거면 못 해. 뭐라 그럴까, 여기는 사람 냄새가 나는 동네라 그럴까. 뭐든지 하면 불러서 같이하지.

이정희 때에 따라서 이렇게 도울 때는 힘도 들지요. 하지만 저희들은 봉사한다는 마음에 하니까…. 이게 힘들다는 생각하면 하질 못하지. 즐거운 마음으로 이것이 다 내 일이고 우리가 다 협조적으로 이루어진다 하는 마음으로 하고 있어요. 이런 게 힘들다고 느껴본 적은 없어요. 즐거운 마음으로 항상 하고 있어요.

이영자 할 때는 땀 흘리고 막 그래도 하고 나면 기분 좋아.

이정희 보람된 일이니까.

이영자 대표님하고 여기 우리 봉사단 회장님하고 날마다 이렇게 열심히 하니까 또 우리도 편하게 하는 거지.

이정희 회장 혼자 잘한다고 잘할 수는 없고 다 그만큼 따라주니까 다 뒷받침 해주니까. 아니면 절대 못 해요. 여기도 마찬가지야. 전부 다 오셔가지고 자발적으로 해주시니까 그럼 어른들도 즐겁고 편안하게 드시고.

이영자 여기 뭐 할 시간이면 집에 있으면 불안해. 와서 해야지.

이정희 자발적으로 우러나는 마음에 하는 거지.

(옆에 계신 할아버지께)
할아버지, 할아버지도 한우리봉사단 회원이시죠?
할아버지는 텃밭 나가고 봉사 나가는 거 안 힘드세요?

임종만 재밌어서 하는데 불편을 느끼면 되나요, 재밌어요. 대표님, 회장님이 잘하니까 우리는 따라서 하는 거지, 재밌으니까 가서 하지, 재미없으면 하겠어요? 나이 먹은 사람들은 갈 데 없고 그런데 대표님이 텃밭 하니까 같이 하는 거지.

지금 한 삼 년 되셨잖아요.
처음 시작할 때랑 지금이랑 뭐가 달라진 거 같아요?

이영자 밭이 많이 늘었지.

이정희 (밭이) 좀 늘었고, 우리 회장님이 기술도 많이 늘었어요.

이영자 처음에는 쩔쩔 매더니 지금은 착착착착. (웃음)

이찬우 대표님이 씨 뿌리는 모습을 흉내내는 이영자 할머니의
손짓에 모두들 한바탕 웃었다. 아낌없이 내주는 텃밭을 보면 시름도
잊힌다는 회원들. 공터를 개간하느라 들인 품은 주민들에게 작물을
나눠주는 보람에 비하면 아무것도 아니라고 하신다. 텃밭 두레로
나누는 정 덕분일까, 아파트에서도 시골 향기가 나는 듯했다.

싹이 요렇게 나오면 얼마나 예쁜지 몰라.

한우리봉사단 회장
이정희

하계5단지 한우리봉사단

인터뷰 도중 할머니 한 분이 감자 공동구매에 참여할 사람들은 신청하라며 찾아오셨다.

Q 공동구매 하시는 거예요?

이영자 네, 우리는 뭐 산다 그러면 한 사람이 시켜서 다 나눠주고 그래요.

임해순 나는 저런 거 사면 자꾸 살이 쪄서. 될 수 있으면 안 사야지. (웃음)

이영자 이 동네는 이웃 주민이 아니라 식구같이 살아. 뭐가 있으면 자꾸 누구 불러. 그 사람이 오면 또 아무개도 불러야지 그러면서 다 부르는 거야. 그렇게 사는 거야. 그러니까 우리는 가족이야. 살기가 너무 좋아요. 여기는 아파트가 아니야. 시골 동네야.

임해순 저 집에 숟가락이 몇 개 그릇이 몇 개 다 알아. 그래서 재밌어. 사람들이 전부 친형제 자매같이 사니까. 항상 보면 반갑고.

이영자 뭐가 있으면 전화해서 가져가라고 해. 또 나도 얻어 오고.

임해순 다른 아파트들은 문 딱 닫아놓고 옆집도 모르잖아요. 근데 여기는 동네 사람 다 알아요. 시골 동네하고 똑 같아요. 입주해서 삼십년이 다 되도록 같이 사니까.

이영자 우리가 봉사를 많이 했어요, 같이. 노인네들 놀러 가시면 다 해서 먹이고, 음식 해가지고 가서 다 나눠 드리고, 화장실 모시고 가고, 잃어버릴까 봐 모자 다 씌우고 다니고, 붙들고 다니고 많이 했어요. 우리가 이제 70이 넘었는데 우리가 받아야 할 나이인데 이제는 우리 해줄 사람이 없다….

임해순 다음 세대가 또 있잖아….

친환경 제품을 함께 만들어 나누는 사람들
관악드림타운 맑은세상 커뮤니티

"건강도 지키고 환경도 지키는 모임은 어떠세요?"

2010년, 곽소자 님은 동대표 총무로
주민들과 함께 EM(Effective
Microorganisms·유용 미생물)
발효액을 활용한 음식물쓰레기
퇴비화 교육을 받았습니다. EM은
사람에게 유익한 수십 종의 미생물을

조합·배양한 물질을 일컫는데, 이를
발효액으로 만들면 자연환경에 피해를
주지 않으면서 정화 효과를 낼 수
있습니다. 단지 내 음식물 쓰레기
수거장을 돌며 EM을 뿌리니 음식물
쓰레기양이 줄고, 초파리도 거의

생기지 않았습니다. 이를 계기로 곽 총무는 주민들과 '맑은세상커뮤니티'를 구성했고, EM을 활용해 음식물 쓰레기 줄이기에 나서게 되었습니다. 관악구 음식물감량경진대회에서 1등을 하기도 한 맑은세상커뮤니티는 2012년부터 본격적으로 다양한 활동을 펼치기 시작했습니다.

텃밭에서 자라는 채소
텃밭에서 나누는 인심
맑은세상커뮤니티는 곽소자 회장님을 포함해 열두 명의 회원들이 활동합니다. 정회원은 열두 명이지만 큰 행사가 있을 때는 단지 주민들로부터 도움을 받아 스무 명

정도가 모인다고 합니다. 관악드림타운 단지 내에는 주민 봉사단체가 여럿 있어, 일손이 부족할 때 서로서로 도움을 주고받으며 품앗이가 이뤄지는 덕분입니다.

2012년, 맑은세상커뮤니티는 옥상에 텃밭을 만들어 채소를 가꾸었습니다. 상추나 고추 등을 직접 길러 혼자 사시는 어르신들께 무료로 나눠드립니다. 올해는 텃밭 채소로 비빔밥 만들기 행사를 열어 많은 주민들과 밥을 함께 먹는 특별한 시간을 가졌습니다. 텃밭 채소는 주민들을 이어준 소통 매개체일 뿐 아니라 작은 수입원이 되기도 합니다. 맑은세상커뮤니티는 구청 지원금에만

맑은세상커뮤니티가 텃밭에서 직접 가꾼 채소로 400인분의 비빔밥을 만들어
주민들과 함께 먹는 모습. 그야말로 비빔밥 나눔잔치다.

의존하지 않고 회원들끼리 달마다
5,000원씩 걷는 회비와 텃밭 채소를
판 수익금으로 활동에 필요한 운영비를
충당해 왔습니다.

아토피도 줄고 풍치도 싹 사라졌어요
회원들은 스킨, 로션, 아이크림, 아이밤,
립밤, 치약, 비누, 샴푸 등 우리 몸에
바르는 제품들을 친환경 재료만
활용해 만들기도 합니다. 처음부터

환경을 생각하는 마음으로 시작한
일은 아니었습니다. "손주가 아토피가
좀 있었어요. 저도 피부가 민감한
편이라 같은 종류의 화장품밖에 못
썼죠. 또 풍치가 있어서 찬물도 못
마시고 뜨거운 물도 못 마셨거든요.
친환경제품을 직접 만들어 쓰면
이런 게 좀 나아지지 않을까 싶어서
손주를 위해, 저를 위해 친환경제품을
만들기 시작했죠." 비누에 인공향이나

시제품에 들어가는 화학재료를 넣지
않고 천연 재료만을 넣어 직접 만들어
쓰기 시작하면서 얼굴에 뾰루지도
사라지고 손주의 아토피 염증도 많이
줄었습니다. 또 EM치약 덕분에 곽
회장은 이제 찬물 뜨거운 물 가리지
않고 다 마실 수 있을 만큼 풍치도 싹
사라졌습니다.

친환경제품을 사용하다 보니 건강뿐
아니라 환경에도 좋다는 걸 느끼게

됐습니다. 친환경제품들은 거품이
많이 나지 않아 물을 덜 쓰게 했고,
화학약품이 들어간 시중 제품을
사용하지 않으니 물 오염도 줄일
수 있었습니다. 또 모기퇴치제나
진드기퇴치제 등도 식물이나 토양에
해롭지 않아 다방면에서 환경에 좋은
일을 하는 셈이었습니다. 곽 회장은
건강을 위해 시작한 일이 환경을
이롭게 하는 일이기도 해 뿌듯하다고

합니다.

"저렴한 비용으로 좋은 효과를 보니 좋죠. 건강에도 좋고 환경에도 좋고. 다른 사람들도 써 보고 참 좋다는 얘기를 해주실 때 정말 뿌듯하죠. 그런데 가끔은 EM에 조금 거부감 있는 분들이 저희가 나눠드린 걸 그냥 버리시거나 안 쓰고 놔두면 속상하기도 하죠."

맑은세상커뮤니티는 친환경제품을 만들어 직접 써 보고 그 효과를 본 후 주민들에게도 나누어 드립니다. 그렇지만 EM 특유의 냄새 때문에 만들어진 제품을 안 쓰시는 분들을 보면 좀 안타깝다고 합니다. 몸을 위해, 환경을 위해 EM에 익숙해지는 시간을 감수해 주면 좋겠다는 바람이 있었습니다.

그들이 바라는 진짜 맑은 세상이란

작년 가을, 맑은세상커뮤니티는 텃밭 배추를 수확해 김치를 담갔습니다. 단지 내에서 홀로 사시는 어려운 어르신들 50여 분께 손수 담근 김치를 나눠드렸습니다.

"제가 적십자에서 봉사했어요. 세대 방문을 하다 보니까 적십자 도움만으로는 한계가 있다는 걸 알았어요. 적십자에서는 김치는 못 담가 드리거든요. 집 안에서 움직이기는 해도 밖에 잘 못 나가는 할머니 할아버지들이 계시는데 이분들이 김치도 못 드시니까 안타까웠어요. 그래서 시작했죠"

곽 회장은 올해도 김장 행사를 진행해 소외계층에 나눠드릴 예정이라고 합니다. 자식들이 있어서 정부로부터 수급자로 인정받지는 못하지만 형편이 어려운 분들, 자식들이 돌보지 않는 분들, 배추를 사다가 김치를 담글 여력이 없는 어르신들에게 맑은세상커뮤니티의 김치가 조금이나마 겨울을 나는 데 도움이 되길 바라는 마음에서입니다.

"비빔밥 행사할 때가 한여름이었는데, 음식이 쉴까 봐 밤에 요리하고 새벽같이 나와서 준비했거든요. 아기가 어린 집도 있는데 그렇게 다들 나와서 열심히 해 주시니 너무 고맙죠. 근데 그런 분들한테 따뜻한 밥 한 끼도 못 사드린다는 게 제일 마음 아파요."

주로 일주일에 한 번 정도 만나지만 텃밭 일손이 많이 필요한 여름에는 이틀에 한 번씩 모이고, 또 큰 행사를 열 때는 밤이 늦도록 준비하기도 하는 터라 곽 회장은 고생하는 회원들에게 참 고마워하면서도 밥 한 번 사주지 못해 미안해했습니다.

"저희가 30대부터 70대까지 다양한 세대가 다 있어요. 그러다 보니까 엄마 같은 느낌을 받기도 하고. 우리가 몰랐던 걸 어르신한테 배우기도 하고, 또 젊은이들한테 새로운 걸 배우기도 하고…. 다양하니까 서로가 몰랐던 걸 교류할 수 있는 게 참 좋은 것 같아요."

커뮤니티 회원들은 서로 다름을 인정하고, 배우며 더불어 삽니다. 서로 반찬을 싸 와 함께 밥을 먹기도 하고, 누구네 반찬이 맛있으면 요리법을 배우기도 하지요. 또 커뮤니티 강좌에서 만난 주민들은 단 한 번만 보아도 거리에서 그냥 지나치지 않고 인사하게 되고, 또 안부를 묻게 되니 시나브로 이웃이 늘어납니다. 그녀는 이런 모임이 더 많이 늘어나 주민들이 서로 인사 나누면서 따뜻하게 지냈으면 좋겠다고 합니다. 더 많은 주민들이 참여해 주면 좋겠는데 맘처럼 되지 않는다면서 푸근한 미소를 보입니다. 내 몸도, 이웃도, 환경도, 그리고 마을 주민 모두가 두루두루 함께 잘사는 게 진짜 맑은세상이 아닐까 싶습니다.